Dipl.-Hdl. Frank Hoffmeister

Fit in Buchführung

Trainingsheft Nr. 2

Bestell-Nr. 872

u-form Verlag · Hermann Ullrich GmbH & Co. KG

Deine Meinung ist uns wichtig!

Du hast Fragen, Anregungen oder Kritik zu diesem Produkt?
Das u-form-Team steht dir gerne Rede und Antwort.

Einfach eine kurze E-Mail an **feedback@u-form.de**

Änderungen, Korrekturen und Zusatzinfos findest du übrigens unter diesem Link:

www.u-form.de/addons/870-2024.zip

4. Auflage 2024 · ISBN 978-3-95532-872-6

u-form

© u-form Verlag | Hermann Ullrich GmbH & Co. KG
Cronenberger Straße 58 | 42651 Solingen
Telefon: 0212 22207-0 | Telefax: 0212 22207-63
Internet: www.u-form.de | E-Mail: uform@u-form.de

Die Trainingshefte „Fit in Buchführung“ sind für alle geeignet, die sich auf eine Prüfung im Bereich der Buchführung vorbereiten und dabei ihre vorhandenen Grundkenntnisse auffrischen und ggf. vertiefen wollen – insbesondere für Auszubildende, Schüler, Fachschüler und Studenten.

Die Darstellung orientiert sich dabei einerseits an der bestehenden Prüfungspraxis und andererseits an der üblichen Vermittlungsform (so genannte Bilanzmethode). Damit werden jeweils Bezüge zu den bisherigen Kenntnissen sowie das Bestehen der jeweiligen Prüfung erleichtert.

Darüber hinaus findet in vielen Bereichen eine Verortung der Themen in ihrem ökonomischen Bezugsrahmen statt. Die oftmals praxisferne und abstrakte Darstellung wird dabei durch die Belegorientierung, die schrittweise Abstraktion über ein Unternehmensmodell und die entsprechende „Buchungstechnik“ abgelöst.

Dabei wird immer wieder deutlich, dass die Buchführung nicht nur eine etablierte Technik des Festhaltens von Wertprozessen ist, sondern darüber hinaus ein grundlegendes Verständnis vieler wirtschaftlicher Zusammenhänge in Unternehmen erst ermöglicht.

Das Grundverständnis für Buchführung ist unabhängig von der Systematik der Aufzeichnungssysteme/Kontenrahmen. Die Prozesse sowie die Übungsaufgaben werden daher weitestgehend unabhängig von bestimmten Kontenrahmen dargestellt.

Nur die Lösungen sind – falls erforderlich – auf spezielle Kontenrahmen zugeschnitten und deshalb im Lösungsteil beispielhaft nach

a) Industriekontenrahmen (IKR) und

b) Großhandelskontenrahmen (GrKR)

zusammengestellt.

Der Industriekontenrahmen (IKR) gilt bei kaufmännischen Abschlussprüfungen z. B. für folgende Berufe:

- Industriekaufmann/Industriekauffrau
- Kaufmann/Kauffrau für Büromanagement
- und vielfach auch für Berufsfachschulen und Höhere Berufsfachschulen (Schulkontenrahmen in Anlehnung an den IKR)

Der Großhandelskontenrahmen (GrKR) wird zugrunde gelegt bei der Prüfung für den Beruf:

- Kaufmann/Kauffrau für Groß- und Außenhandelsmanagement

Praxis und Wissenschaft haben teilweise für gleiche Prozesse unterschiedliche Verfahren bei der buchhalterischen Erfassung entwickelt. Die wesentlichen alternativen Buchungstechniken werden in diesem Trainingsheft dargestellt und beinhalten insbesondere die Methoden, die in bisherigen Abschlussprüfungen von kaufmännischen Berufen angewendet wurden.

Vorwort

In den meisten kaufmännischen Ausbildungsberufen werden Elemente der Buchführung abgeprüft. Entweder in einem eigenen Prüfungsfach (z. B. **Kaufmännische Steuerung und Kontrolle**) oder integrativ in einem der anderen Prüfungsbereiche (z. B. **Kundenbeziehungsprozesse** bei den Kaufleuten für Büromanagement, **Warenwirtschaft** bei den Kaufleuten im Einzelhandel).

Der jeweilige Umfang, die Art der Fragestellungen und der Schwierigkeitsgrad sind dabei jedoch sehr unterschiedlich. Orientieren Sie sich am besten an dem für Ihren Ausbildungsberuf gültigen IHK-Prüfungskatalog.

Und nun viel Erfolg! – Mit diesem Erfolgsrezept:

1. Arbeiten Sie die Informationen gründlich durch.
2. Lösen Sie die Übungsaufgaben selbstständig.
3. Vergleichen Sie Ihre eigenen Lösungen mit den Lösungen im Lösungsteil. Arbeiten Sie die Erläuterungen zu den Lösungen (auch wenn Sie die Lösung richtig hatten) gründlich durch! Sie enthalten oft noch wertvolle zusätzliche Informationen und Begründungen.

Achtung!

Bitte laden Sie vor Bearbeitung der Aufgaben die benötigten Kontenpläne herunter unter

www.u-form.de/addons/870-2024.zip

Sollte es Änderungen für dieses Trainingsheft geben, finden Sie diese ebenfalls unter o. g. Link.

Inhaltsverzeichnis

Notizen

1 Buchungen im Beschaffungsbereich

Notizen

In diesem Kapitel werden wesentliche Wertveränderungen und deren Erfassung in der Buchhaltung dargestellt.

Ausgehend von einem Geschäftsvorfall sowie dem entsprechenden Beleg werden die Wertströme im Unternehmensmodell abgebildet. Diese Wertströme werden schließlich in der Buchführung aufgezeichnet.

In der Darstellung der wesentlichen Vorgänge werden wir meist folgende Vorgehensweise anwenden:

<table>
<tr><th>Schritte</th><th>Beispiel</th></tr>
<tr><td>1. Schritt:

Abbildung des entsprechenden Beleges und kurze Beschreibung des Geschäftsvorfalles</td><td>
<table>
<tr><td colspan="2">Xy GmbH

...
Rechnung
Maschine:</td></tr>
<tr><td>Netto-Betrag</td><td>20.000,00 EUR</td></tr>
<tr><td>+ Umsatzsteuer 19 %</td><td>3.800,00 EUR</td></tr>
<tr><td>= Rechnungsbetrag</td><td>23.800,00 EUR</td></tr>
</table>

Wir haben eine Produktionsmaschine gekauft, die bereits geliefert wurde. Nach kurzer Zeit erhalten wir eine Rechnung für die Maschine im Wert von 20.000,00 EUR zzgl. Umsatzsteuer, die nach spätestens 30 Tagen bezahlt werden muss.</td></tr>
<tr><td>2. Schritt:

Darstellung des Geschäftsvorfalles mit seinen wirtschaftlichen Auswirkungen im Unternehmensmodell (beschriftete Pfeile im Modell) und Erläuterung der Wertveränderung</td><td>
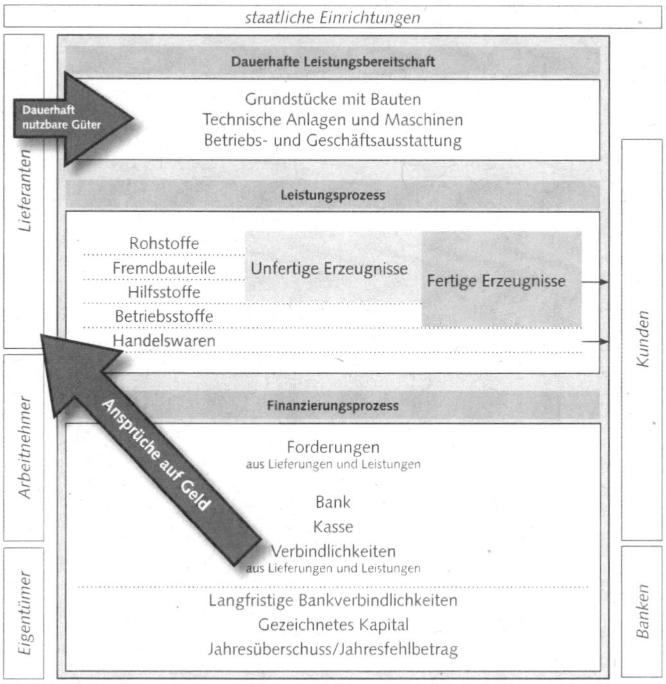

Durch die Lieferung der Maschine steht dem Unternehmen ein dauerhaft nutzbarer Gegenstand zur Verfügung. Es kommt zu einem Wertzugang. Zudem erhalten wir einen Erstattungsanspruch für die Umsatzsteuer gegenüber dem Finanzamt.

Gleichzeitig besteht aber ein Rechtsanspruch des Lieferanten auf Bezahlung der Rechnung. Die Verbindlichkeiten des Betriebes erhöhen sich.</td></tr>
</table>

<table>
<tr><td>3. Schritt:

Umsetzung der wirtschaftlichen Auswirkungen in der Buchhaltung zunächst im Grundbuch und dann im Hauptbuch</td><td>Grundbuch

<table>
<tr><td></td><td>SOLL</td><td>HABEN</td></tr>
<tr><td>Technische Anlagen und Maschinen</td><td>20.000,00</td><td></td></tr>
<tr><td>Vorsteuer (19 %)</td><td>3.800,00</td><td></td></tr>
<tr><td>an Verbindlichkeiten aus Lieferungen und Leistungen</td><td></td><td>23.800,00</td></tr>
</table>

Hauptbuch

<table>
<tr><td>S</td><td>Technische Anlagen und Maschinen</td><td>H</td></tr>
<tr><td>20.000,00</td><td></td><td></td></tr>
</table>

<table>
<tr><td>S</td><td>Vorsteuer 19 %</td><td>H</td></tr>
<tr><td>3.800,00</td><td></td><td></td></tr>
</table>

<table>
<tr><td>S</td><td>Verbindlichkeiten aLL</td><td>H</td></tr>
<tr><td></td><td></td><td>23.800,00</td></tr>
</table>
</td></tr>
<tr><td>Besonderheiten/Ergänzungen:

Erläuterung besonderer Fälle sowie ergänzende Informationen</td><td>Maschinen unterliegen einer Abnutzung. Diese Abnutzung stellt einen Wertverbrauch dar, der als Abschreibung beschrieben wird.

…</td></tr>
<tr><td>Aufgaben:

Verschiedene Übungsaufgaben zur Thematik</td><td>Buchen Sie die folgenden Geschäftsvorfälle:
a) Kauf eines Fahrzeugs
b) …</td></tr>
</table>

1 Buchungen im Beschaffungsbereich

1.1 Einkauf von Materialien und Handelswaren

1. Schritt: Beleg und Geschäftsvorfall

Im betrieblichen Leistungsprozess werden unterschiedliche Materialien eingesetzt. In Industriebetrieben wird dabei zwischen Roh-, Hilfs- und Betriebsstoffen unterschieden. Teilweise gibt es zudem Fertigteile, Bauteile oder Baugruppen.

Rohstoffe stellen den Hauptbestandteil des Produktes dar, während Hilfsstoffe nur Nebenbestandteile des Produktes sind. Betriebsstoffe gehen nicht in das Produkt mit ein und dienen z. B. dem Antrieb der Maschinen. Hierzu zählen beispielsweise Strom oder Brennstoffe.

In Handelsbetrieben besteht der Leistungsprozess darin, dass Waren eingesetzt und verkauft werden.

Minerals GmbH

Minerals GmbH, Gelmstr. 17, 14566 Meversen

Keramik-Fabrik Hamburg AG
Postfach 1762
22088 Hamburg

Gelmstr. 17
14566 Meversen

Telefon: 0387 15772
Telefax: 0387 15778

Rechnung

Ihre Bestellung vom: 10.01.20xx

Kunden-Nr.	**Rechnungs-Nr.**	**Rechnungs-/Lieferungsdatum**
2446	00193	22.01.20xx
Bei Zahlung bitte angeben		

Artikel Nr.	**Artikel Bezeichnung**	**Menge in kg**	**Einzelpreis EUR/kg**	**Gesamtpreis EUR**
899677	Aluminiumoxid Al_2O_3 CAS-Nummer 1344-28-1	100	6,80	680,00

Warenwert, netto	**Verpackung**	**Fracht**	**Nettoentgelt**	**19 % USt**	**Bruttoentgelt**
680,00 EUR		**122,00 EUR**	**802,00 EUR**	**152,38 EUR**	**954,38 EUR**

Lieferung: ab Lager
Zahlung: innerhalb 10 Tage 2% Skonto, 30 Tage netto
Bankverbindung: Muster-Bank IBAN DE34700202310000435612 BIC MUBADEMEV22
Steuernummer: 46/713/00980 **USt-IDNr.:** DE1732876234

Für die Keramik-Fabrik Hamburg handelt es sich bei dem gelieferten Material um einen Rohstoff für die Keramikherstellung.

Tipp:

Die Buchführungsaufgaben in den kaufmännischen Abschlussprüfungen beziehen sich jeweils auf ein Beispielunternehmen. Um die Materialart (z. B. Rohstoff oder Hilfsstoff) richtig zu bestimmen und damit das passende Konto auszuwählen, sollten Sie ggf. in der jeweiligen „Unternehmensbeschreibung“ nachsehen!

2. Schritt: Modell

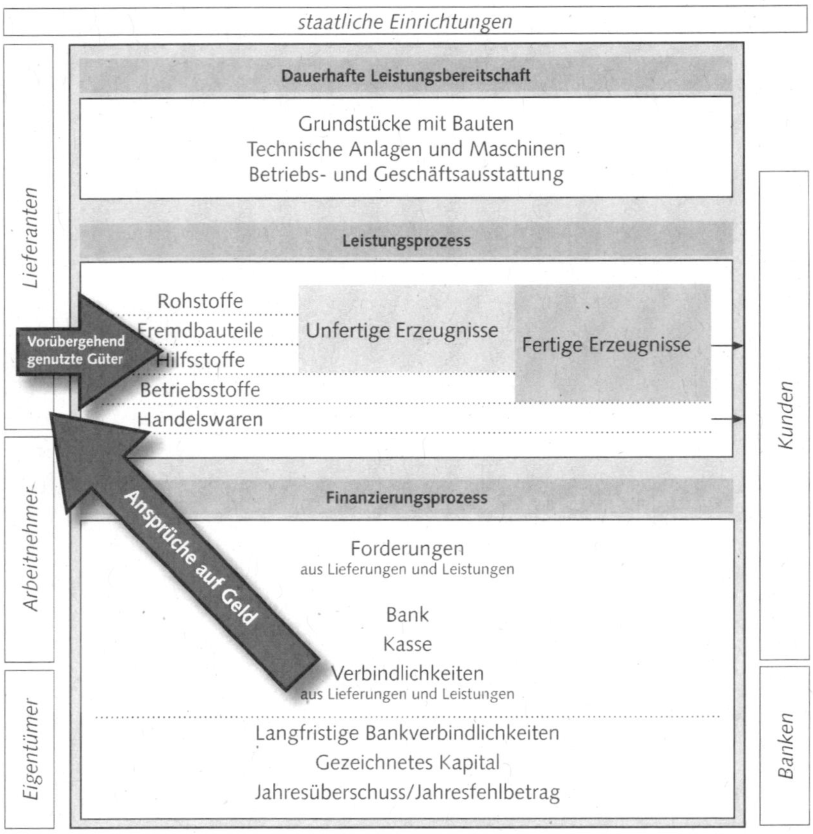

Die Einsatzmaterialien stehen dem Unternehmen nur vorübergehend zur Verfügung. Sie werden dabei zu einem Zwischen- bzw. Endprodukt verarbeitet.

Werden die Einsatzmaterialien zunächst eingelagert und erst später verbraucht, findet ein Wertzugang statt, da das Unternehmen nun über den Vermögensgegenstand „Aluminiumoxid" verfügt.

Die eingegangene Rechnung wird in der Regel nicht sofort beglichen, sondern erst später bezahlt. Dieses wird häufig als „Kauf auf Ziel" oder „Kauf auf Rechnung" bezeichnet. Solange diese Rechnung noch nicht beglichen ist, haben die Lieferanten einen Rechtsanspruch auf Bezahlung. Aus der Sicht der Keramik-Fabrik Hamburg besteht damit die Verpflichtung zur Bezahlung. Der Lieferant hat demgegenüber einen Anspruch auf Zahlung.

3. Schritt: Umsetzung in der Buchführung

Durch die Anlieferung des Materials kommt es zu einen Wertzugang bei Rohstoffen sowie zu einem Zugang an Forderungen gegenüber dem Finanzamt in Form von „Vorsteuer (19 %)"

→ SOLL-Buchungen auf den Konten „Rohstoffe" und „Vorsteuer (19 %)"

Gleichzeitig kommt es zu einem Zugang an Verbindlichkeiten, da die Rechnung noch nicht bezahlt wurde.

→ HABEN-Buchung auf dem Konto „Verbindlichkeiten aus Lieferungen und Leistungen"

Arbeitsschritte:

1. Eintragung ins Grundbuch

Datum	Beleg-Nr.	Text	Konto-Nr.	Soll	Haben
25.01.20xx	778	Rohstoffe		802,00	
		Vorsteuer (19 %)		152,38	
		an Verbindlichkeiten (Fa. Minerals AG)			954,38

2. Erfassung im Hauptbuch

S	Rohstoffe	H
802,00		

S	Verbindlichkeiten	H
		954,38

S	Vorsteuer (19 %)	H
152,38		

1.2 Bezahlung der Eingangsrechnungen von Materialien und Handelswaren

1. Schritt: Beleg und Geschäftsvorfall

Die obige Eingangsrechnung der Fa. Minerals wird nun per Banküberweisung bezahlt. Dieses wird auf dem Kontoauszug sichtbar.

SEPA-Girokonto Hamburgbank AG	IBAN: DE12200750010027367 5 BIC: HMGBDEF2K12	Kontoauszug 12 Blatt
Datum	Erläuterungen	Betrag
Kontostand in EUR am 24.01.20.., Auszug Nr. 11		33.709,98 +
25.01.	MINERALS GMBH, MEVERSEN KD-NR 2446, RG-NR00193	954,38 –
Kontostand in EUR am 26.01.20.., 10.30 Uhr		32.755,60 +
Ihr Dispositionskredit beträgt 500.000,00 EUR		
KERAMIK-FABRIK HAMBURG AG, Kernbrook 12, 20011 Hamburg		

2. Schritt: Modell

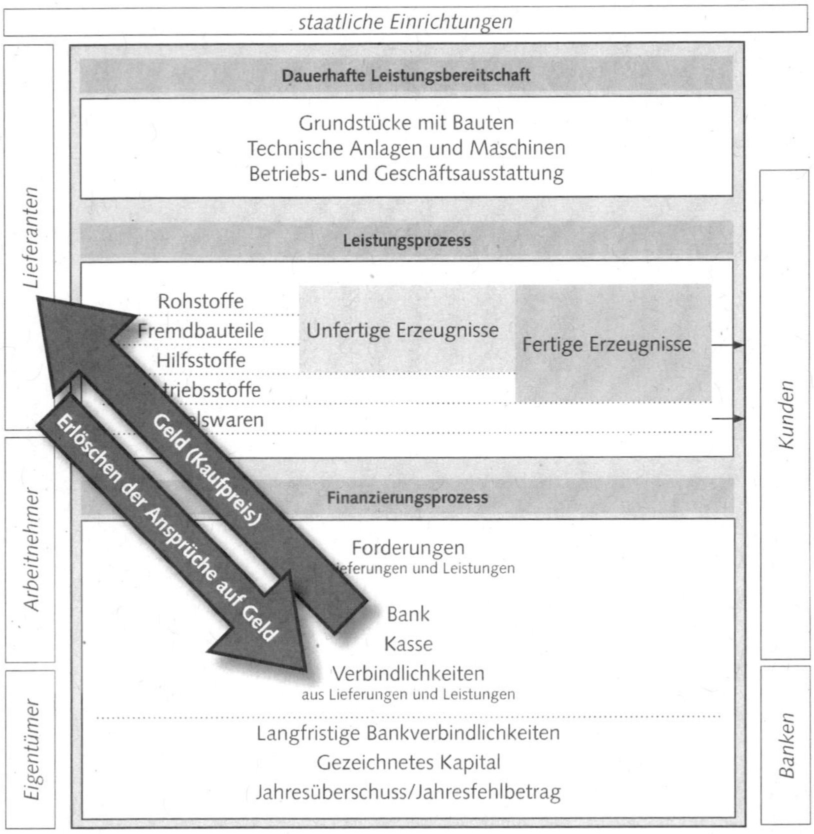

Durch die Bezahlung der Eingangsrechnung, erlischt der Zahlungsanspruch der Minerals GmbH. Die Schulden des Keramik-Fabrik Hamburg haben sich damit sozusagen „aufgelöst“. Gleichzeitig hat sich durch den Zahlungsvorgang der Geldbestand auf dem Bankkonto verringert.

3. Schritt: Umsetzung in der Buchführung

Durch die Bezahlung der Rechnung verringert sich der Bestand an Verbindlichkeiten gegenüber der Minerals AG:

→ SOLL-Buchung auf dem Konto „Verbindlichkeiten aus Lieferungen und Leistungen (Minerals AG)“

Gleichzeitig kommt es zu einem Geldabfluss und damit zu einer Verringerung des Bankguthabens:

→ HABEN-Buchung auf dem Konto „Bank“

Arbeitsschritte:

1. Eintragung ins Grundbuch

Datum	Beleg-Nr.	Text	Konto-Nr.	Soll	Haben
25.01.20xx	855	Verbindlichkeiten (Fa. Minerals AG)		954,38	
		an Bank			954,38

2. Erfassung im Hauptbuch

S	Bank	H
„Bankguthaben"		954,38

S	Verbindlichkeiten	H
954,38		(954,38)*

*siehe vorherige Buchung der Eingangsrechnung

1.3 Verbrauch von Materialien und Handelswaren

1. Schritt: Beleg und Geschäftsvorfall

Der Verbrauch der Materialien, z. B. für die Herstellung der Produkte oder den Verkauf der Waren, wird über Materialentnahmebelege fortlaufend erfasst:

MATERIALENTNAHMESCHEIN						
Kostenträger/ Auftrag	**Materialnr.**	**Bezeichnung**	**Menge**	**Mengen-einheit**	**Preis pro Mengeneinheit**	**Summe EUR**
82671334659	1856247	Aluminiumoxid	100	kg	8,02	802,00
Kostenstelle: 66284						
Datum: 30.01.20xx						
Unterschrift: *Kellmann*						

Einige Unternehmen ermitteln den Materialverbrauch bzw. Wareneinsatz erst nachträglich. Dabei führen sie z. B. am Monatsende eine Inventur durch und ermitteln die Verbräuche anhand der folgender Berechnung:

Anfangsbestand des Materials/der Ware am Periodenbeginn
\+ Material-/Wareneinkäufe während der Periode
– Endbestand des Materials/der Ware am Periodenende
= Verbrauch von Material/Ware während der Periode

Diese Methode wird als bestandsorientiert gekennzeichnet.

2. Schritt: Modell

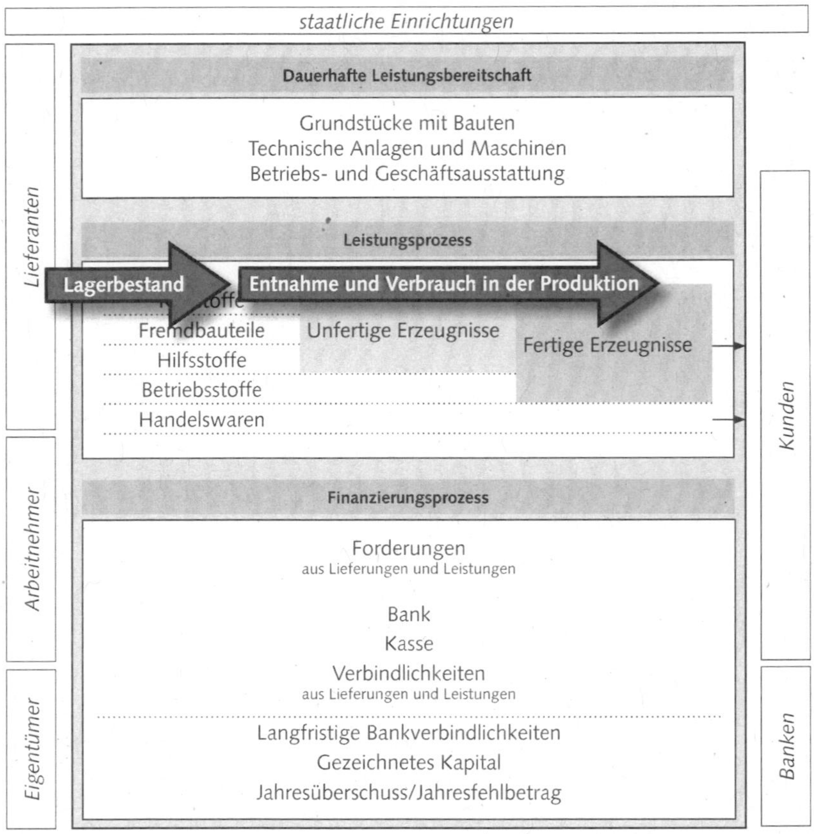

Das im Lager vorhandene Material wird entnommen und in der Produktion eingesetzt. Durch die verschiedenen Produktionsvorgänge wird das Material letztlich zu dem gewünschten Fertigerzeugnis umgewandelt.

3. Schritt: Umsetzung in der Buchführung

Durch die Entnahme des Materials kommt es zu einem Einsatz und schließlich Verbrauch der Materialien im Leistungsprozess.

→ SOLL-Buchung auf dem Konto „Aufwendungen für Rohstoffe“

Gleichzeitig kommt es zu einem Wertabgang bei den Rohstoffen.

→ HABEN-Buchung auf dem Konto „Rohstoffe“

Arbeitsschritte:

1. Eintragung ins Grundbuch

Datum	Beleg-Nr.	Text	Konto-Nr.	Soll	Haben
30.01.20xx	923	Aufwendungen für Rohstoffe		802,00	
		an Rohstoffe			802,00

2. Erfassung im Hauptbuch

S	Aufwendungen für Rohstoffe H
802,00	

S	Rohstoffe H
	802,00

Alternative Buchungsmethode: Aufwandsorientierte Buchung

Durch die hohen Kosten der Lagerhaltung entscheiden sich einige Unternehmen für die Just-in-time-Anlieferung. Dabei werden die Materialien erst dann geliefert, wenn sie in der Produktion benötigt werden.

Daher findet in diesem Fall keine Erfassung eines Lagerbestandes statt. Vielmehr wird das angelieferte Material sofort verbraucht, sodass der Verbrauch direkt erfasst werden kann:

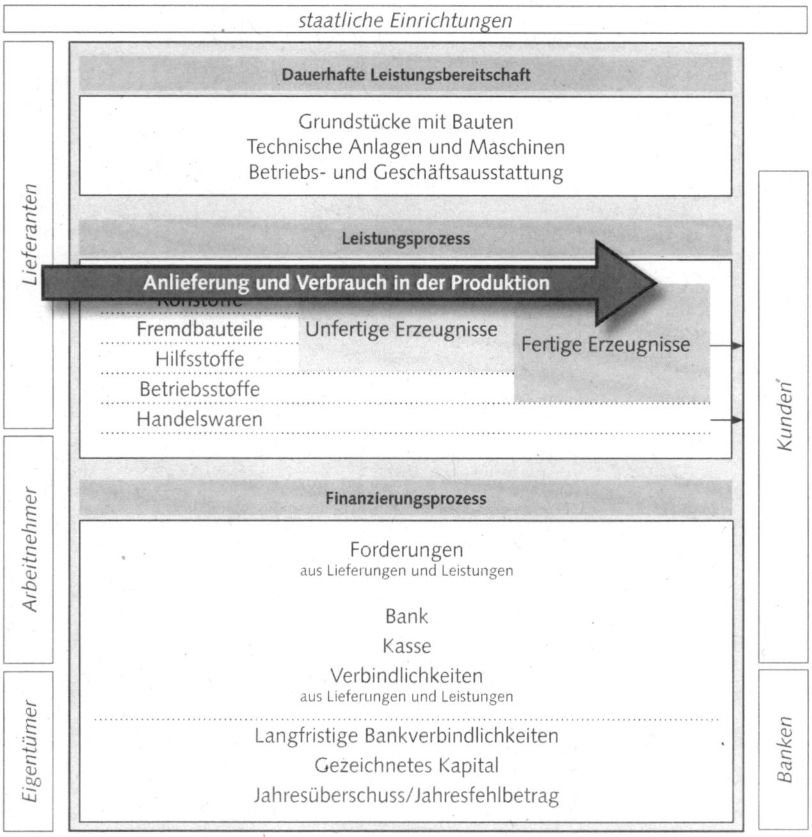

Ausgangspunkt für die Buchung ist daher die Eingangsrechnung.

Buchungen im Beschaffungsbereich
Informationen

Arbeitsschritte:

1. Eintragung ins Grundbuch

Datum	Beleg-Nr.	Text	Konto-Nr.	Soll	Haben
30.01.20xx	923	Aufwendungen für Rohstoffe		802,00	
		Vorsteuer (19 %)		152,38	
		an Verbindlichkeiten			954,38

2. Erfassung im Hauptbuch

S	Rohstoffaufwand	H
802,00		

S	Verbindlichkeiten	H
		954,38

S	Vorsteuer (19 %)	H
152,38		

Tipp:

In kaufmännischen Abschlussprüfungen findet sich teilweise in der Aufgabenstellung ein Hinweis dazu, ob „bestandsorientiert“ oder „aufwandsorientiert“ gebucht werden soll. Prüfen Sie genau, welche Buchungsmethode eingesetzt werden soll!

Besonderheiten/Ergänzungen:

1. Nachlässe

Im Laufe der Einkaufsverhandlungen oder zu einem späteren Zeitpunkt können sich Preisnachlässe ergeben:

a) **Sofortrabatte:** Wird bereits auf der Rechnung ein Rabatt z. B. wegen einer besonders hohen Menge oder einer gewissen Treue berücksichtigt, so wird nur der verminderte Wert der Materialien/Waren erfasst. Eine gesonderte Buchung des Rabattes ist nicht erforderlich.

b) **Bezugskosten:** Für den Bezug der Materialien/Waren können eine Reihe von Bezugskosten anfallen, wie z. B. Frachtkosten, Paketgebühren, Verpackung, Versandkostenpauschalen, Rollgelder, Transportversicherungen oder etwa Einfuhrzoll.

Sind diese Bezugskosten vom Käufer zu tragen, werden diese gesondert erfasst. Welches Konto jeweils zu wählen ist, hängt von dem jeweiligen Material sowie der eingesetzten Buchungsmethode ab.

Wird die **bestandsorientierte** Buchungsmethode eingesetzt, werden die Bezugskosten auf einem „Unterkonto“ des jeweiligen Bestandskontos erfasst (Beispiel für IKR):

200 Rohstoffe – 2001 Bezugskosten
201 Vorprodukte/Fremdbauteile – 2011 Bezugskosten
202 Hilfsstoffe – 2021 Bezugskosten
203 Betriebsstoffe – 2031 Bezugskosten
228 Waren – 2281 Bezugskosten

Erfolgt die Buchung dagegen **aufwandsorientiert,** werden die Bezugskosten auf den jeweiligen Unterkonten der entsprechenden Aufwandsart erfasst (Beispiel für IKR):

600 Aufwendungen für Rohstoffe – 6001 Bezugskosten
601 Aufwendungen für Vorprodukte/Fremdbauteile – 6011 Bezugskosten
602 Aufwendungen für Hilfsstoffe – 6021 Bezugskosten
603 Aufwendungen für Betriebsstoffe – 6031 Bezugskosten
608 Aufwendungen für Waren – 6081 Bezugskosten

Tipp:

In den kaufmännischen Abschlussprüfungen finden Sie teilweise verschiedene Bezugskostenkonten in der gleichen Aufgabe. Dabei kann es sehr leicht zu Verwechselungen kommen, da alle diese Konten nur kurz als „Bezugskosten“ gekennzeichnet werden.

Überlegen Sie in diesem Fall, um welche Art des Materials es sich handelt und wählen Sie anhand der Kontonummer das richtige Unterkonto aus!

2. Rücksendungen von Material/Waren

Ist ein Material oder eine Ware falsch geliefert worden oder mangelhaft, wird es in einigen Fällen an den Lieferanten zurückgeschickt.

Sofern bereits eine Rechnung vorliegt, wird hierzu eine so genannte „Gutschriftanzeige" oder kurz „Gutschrift" erstellt, die als Buchungsbeleg zu berücksichtigen ist:

Minerals GmbH

Minerals GmbH, Gelmstr. 17, 14566 Meversen

Keramik-Fabrik Hamburg AG
Postfach 1762
22088 Hamburg

Gelmstr. 17
14566 Meversen

Telefon: 0387 15772
Telefax: 0387 15778

GUTSCHRIFT Nr. 5

Ihre Beanstandung vom: 24.01.20xx
Unsere Lieferung vom: 22.01.20xx
Unsere Rechnung Nr. 00193 vom: 22.01.20xx

Begründung der Gutschrift	**Menge**	**Einzelpreis EUR**	**Gesamtpreis EUR**
Rücksendung von 50 % der Lieferungen wegen Qualitätsmängeln	50	6,80	340,00
Anteilige Erstattung der Frachtkosten		66,00	66,00
		Wert der Gutschrift, netto	406,00
		19 % Umsatzsteuer	77,14
		Wert der Gutschrift	**483,14**

Um gleich lautende Buchung wird gebeten.
Musterstadt, den 28.01.20xx

Bankverbindung: Muster-Bank IBAN DE34700202310000435612 BIC MUBADEMEV22
Steuernummer: 46/713/00980 **USt-IDNr.:** DE1732876234

Damit wird der Wert der ursprünglich gebuchten Verbindlichkeit im Nachhinein verringert:

Buchung beim Rechnungseingang (bestandsorientierte Methode; Beleg siehe oben):

Datum	Beleg-Nr.	Text	Konto-Nr.	Soll	Haben
25.01.20xx	778	Rohstoffe		802,00	
		Vorsteuer (19 %)		152,38	
		an Verbindlichkeiten (Fa. Minerals)			954,38

Buchung nach Erhalt der obigen Gutschriftanzeige (Annahme: 50 % der Lieferung wurde zurückgeschickt):

Datum	Beleg-Nr.	Text	Konto-Nr.	Soll	Haben
28.01.20xx	798	Verbindlichkeiten (Fa. Minerals)		483,14	
		an Rohstoffe			406,00
		an Vorsteuer (19 %)			77,14

Damit wird nicht nur der Rechtsanspruch auf Zahlung (Verbindlichkeiten) verringert, sondern zugleich unser Anspruch auf Erstattung der Vorsteuer reduziert.

Dieses Vorgehen wird ebenso bei der Rücksendung von Sonderverpackungen angewandt.

3. Nachträgliche Preisnachlässe: Gutschrift

Preisnachlässe können sich aus verschiedenen Gründen ergeben. In einigen Fällen ist das Material/Ware zwar mangelhaft, kann jedoch noch im Betrieb eingesetzt werden und wird nicht zurückgeschickt.

Der Lieferant erteilt aufgrund des Mangels eine Gutschrift, die in der Buchführung berücksichtigt werden muss:

Buchung nach Erhalt einer Gutschriftanzeige (Annahme: Es wurde ein Preisnachlass in Höhe von 30 % des ursprünglichen Netto-Rechnungsbetrages [802,00 EUR] vereinbart):

Datum	Beleg-Nr.	Text	Konto-Nr.	Soll	Haben
28.01.20xx	812	Verbindlichkeiten (Fa. Minerals)		286,31	
		an Nachlässe (Rohstoffe)			240,60
		an Vorsteuer (19 %)			45,71

Um einen Überblick über Preisnachlässe zu erhalten, werden Nachlässe bei der **bestandsorientierten** Methode auf eigenen Unterkonten gebucht (Beispiel für IKR):

200 Rohstoffe – 2002 Nachlässe
201 Vorprodukte/Fremdbauteile – 2012 Nachlässe
202 Hilfsstoffe – 2022 Nachlässe
203 Betriebsstoffe – 2032 Nachlässe
228 Waren – 2282 Nachlässe

Erfolgt die Buchung **aufwandsorientiert,** werden die Nachlässe auf den jeweiligen Unterkonten der entsprechenden Aufwandsart erfasst (Beispiel für IKR):

600 Aufwendungen für Rohstoffe – 6002 Nachlässe
601 Aufwendungen für Vorprodukte/Fremdbauteile – 6012 Nachlässe
602 Aufwendungen für Hilfsstoffe – 6022 Nachlässe
603 Aufwendungen für Betriebsstoffe – 6032 Nachlässe
608 Aufwendungen für Waren – 6082 Nachlässe

Bruttomethode: Bei den Nachlässen kann zunächst auch nur der Bruttobetrag erfasst und am Monatsende die Vorsteuer insgesamt korrigiert werden. Bei Erteilung der Gutschrift werden die Nachlässe daher mit ihrem Bruttowert (inkl. Steuer) gebucht:

Datum	Beleg-Nr.	Text	Konto-Nr.	Soll	Haben
28.01.20xx	812	Verbindlichkeiten (Fa. Minerals)		286,31	
		an Nachlässe (Rohstoffe)			286,31

Am Monatsende erfolgt die Buchung zur Korrektur der Vorsteuer:

Datum	Beleg-Nr.	Text	Konto-Nr.	Soll	Haben
30.01.20xx	835	Nachlässe (Rohstoffe)		45,71	
		an Vorsteuer (19 %)			45,71

4. Nachträgliche Preisnachlässe: Lieferantenskonto

Einige Lieferanten bieten einen Preisnachlass an, wenn die Rechnung innerhalb einer bestimmten Frist bezahlt wird. Dieser Preisnachlass wird als Skonto bezeichnet.

In unserem Ausgangsbeispiel war als Zahlungsbedingung „Zahlung: innerhalb 10 Tage 2 % Skonto, 30 Tage netto“ genannt worden. Erfolgt die Zahlung innerhalb von 10 Tagen, so dürfen 2 % vom Rechnungsbetrag abgezogen werden:

Ursprünglicher Rechnungsbetrag	954,38 EUR
– 2 % Skontobetrag	19,09 EUR
= Zahlungsbetrag	935,29 EUR

Sofern die Möglichkeit genutzt wird, ergibt sich die Situation, dass der ursprüngliche Rechnungsbetrag nicht mit dem Zahlungsbetrag übereinstimmt:

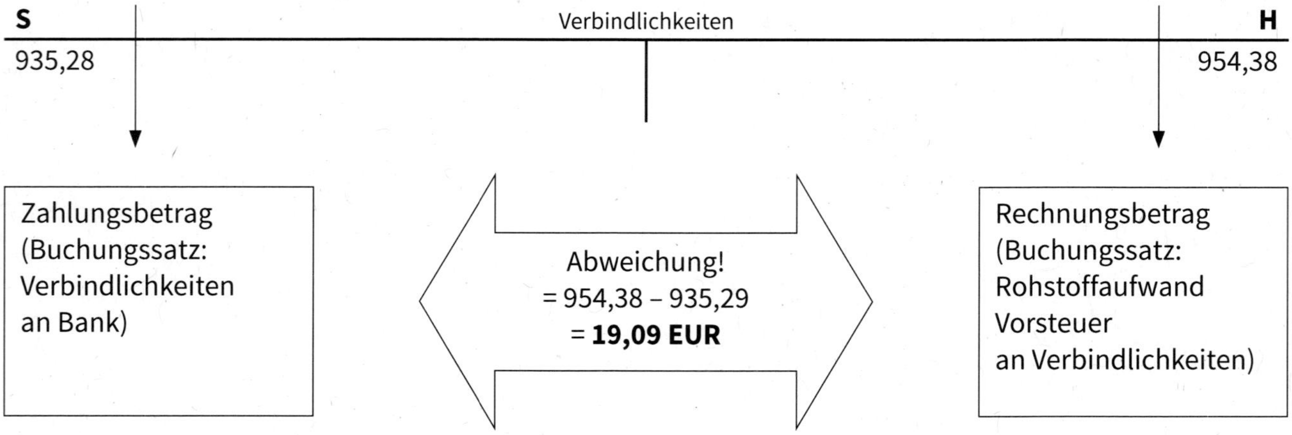

Bei der Buchung des Zahlungsvorganges wird diese Abweichung entsprechend berücksichtigt. Da der Skontobetrag vom Bruttorechnungsbetrag berechnet wurde, ist eine Korrektur der Vorsteuer erforderlich. Anderenfalls würde unser Anspruch gegenüber dem Finanzamt zu hoch angegeben werden.

Tipp:

> In kaufmännischen Abschlussprüfungen finden Sie immer wieder Aufgaben mit Skontoberechnungen und Skontobuchungen. Prüfen Sie bei der Bearbeitung unbedingt, ob möglicherweise in den angegebenen Werten die Steuern enthalten sind oder nicht. Damit lassen sich eine Vielzahl von Fehler vermeiden. Berücksichtigen Sie dabei, dass Brutto-Beträge einen erhöhten Grundwert darstellen und damit jeweils 119 % entsprechen! **!**

Im Beispiel muss daher eine Aufteilung des Bruttoskonto auf den Netto-Betrag sowie die Vorsteuer erfolgen:

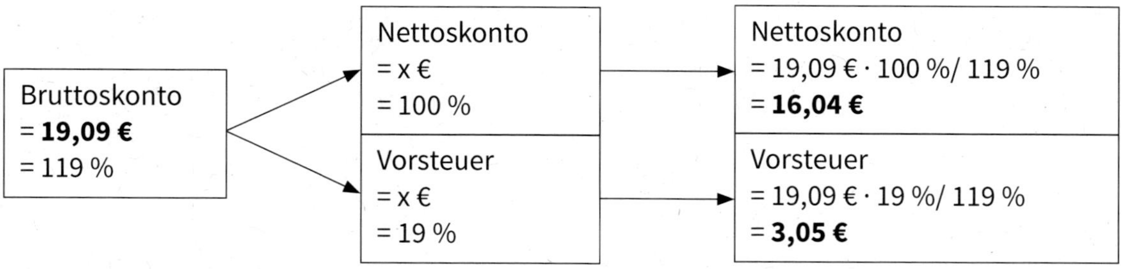

Nach der Aufteilung kann die entsprechende Buchung erfolgen:

Datum	Beleg-Nr.	Text	Konto-Nr.	Soll	Haben
25.01.20xx	855	Verbindlichkeiten (Fa. Minerals)		954,38	
		an Bank			935,29
		an Nachlässe			16,04
		an Vorsteuer (19 %)			3,05

Erfassung im Hauptbuch

S	Verbindlichkeiten	H
954,38		(954,38)

S	Bank	H
„Bankguthaben“		935,29

S	Nachlässe	H
		16,04

S	Vorsteuer (19 %)	H
		3,05

Sofern wieder ein Bruttoverfahren eingesetzt wird, wird der Bruttobetrag auf dem Nachlass-Konto erfasst und erst am Monatsende der Vorsteuerbetrag korrigiert.

Unterkonten „Bezugskosten“ und „Nachlässe“:

Die beiden Unterkonten des jeweiligen Material- bzw. Aufwandskontos für Material wird schließlich über das jeweiligen Oberkonto abgeschlossen. Im Fall einer bestandsorientierten Buchungsmethode wird z. B. gebucht

Nachlässe
an Rohstoffe
=> Wertminderung der Materialien

Rohstoffe
an Bezugskosten
=> Werterhöhung der Materialien

Tipp:

Viele Prüflinge haben ein Problem damit, die „richtige Seite“ (Soll oder Haben?) für die Skontobuchung zu finden. In diesem Fall sollte man sich zwei Dinge zunächst „hinschreiben“:

1. Verringerung der Verbindlichkeit um den vollen Betrag (im Soll)

2. Verringerung des Bankbestandes (im Haben)

Werden diese zwei Aspekt zunächst notiert, wird deutlich, dass noch Haben-Buchungen fehlen!

1. Aufgabe

a) Buchen Sie den folgenden Beleg.

Minerals GmbH

Minerals GmbH, Gelmstr. 17, 14566 Meversen

Keramik-Fabrik Hamburg AG
Postfach 1762
22088 Hamburg

Gelmstr. 17
14566 Meversen

Telefon: 0387 15772
Telefax: 0387 15778

Rechnung

Ihre Bestellung vom:
17.11.20xx

Kunden-Nr.	Rechnungs-Nr.	Rechnungs-/Lieferungsdatum
2446	00456	06.12.20xx
Bei Zahlung bitte angeben		

Artikel Nr.	Artikel Bezeichnung	Menge in kg	Einzelpreis EUR/kg	Gesamtpreis EUR
899677	Aluminiumoxid Al_2O_3 CAS-Nummer 1344-28-1	250	6,80	1.700,00

Warenwert, netto	Verpackung	Fracht	Nettoentgelt	19 % USt	Bruttoentgelt
1.700,00 EUR			1.700,00 EUR	323,00 EUR	2.023,00 EUR

Lieferung: ab Lager
Zahlung: 30 Tage netto

Bankverbindung: Muster-Bank IBAN DE34700202310000435612 BIC MUBADEMEV22
Steuernummer: 46/713/00980 **USt-IDNr.:** DE1732876234

Für die Keramik-Fabrik Hamburg handelt es sich bei dem gelieferten Material um einen Rohstoff für die Keramikherstellung.

Hinweis: Wenn Sie den Kontenrahmen für den Groß- und Außenhandel verwenden, gehen Sie bitte davon aus, dass es sich bei dem Material um eine **Handelsware** handelt.

Eintragung ins Grundbuch

Datum	Beleg-Nr.	Text	Konto-Nr.	Soll	Haben

Fortsetzung auf der nächsten Seite.

1. Aufgabe

Fortsetzung

Erfassung im Hauptbuch

S	H

S	H

S	H

b) Buchen Sie den Beleg (Zahlungsvorgang zu Aufgabe a)

SEPA-Girokonto **Hamburgbank AG**	IBAN: DE122007500100273675 BIC: HMGBDEF2K12	Kontoauszug 125 Blatt	
Datum	Erläuterungen		Betrag
Kontostand in EUR am 18.12.20.., Auszug Nr. 124			654.200,13 +
20.12.	MINERALS GMBH, MEVERSEN KD-NR 2446, RG-NR00456		2.023,00 –
Kontostand in EUR am 21.12.20.., 10.30 Uhr			652.177,13 +
Ihr Dispositionskredit beträgt 500.000,00 EUR			
KERAMIK-FABRIK HAMBURG AG, Kernbrook 12, 20011 Hamburg			

Eintragung ins Grundbuch

Datum	Beleg-Nr.	Text	Konto-Nr.	Soll	Haben

Erfassung im Hauptbuch

S	H

S	H

2. Aufgabe (nur Industriekontenrahmen)

a) Berechnen Sie den Gesamtwert der Materialentnahme und buchen Sie den folgenden Beleg:

MATERIALENTNAHMESCHEIN						
Kostenträger/ Auftrag	**Materialnr.**	**Bezeichnung**	**Menge**	**Mengen-einheit**	**Preis pro Mengeneinheit**	**Summe EUR**
78661324778	5796136	Glasur xt870	500	Liter	1,54	**EUR**
Kostenstelle: 66284						
Datum: 30.03.20xx						
Unterschrift: Frost						

Glasur xt870 ist für die Keramik-Fabrik Hamburg ein Hilfsstoff.

Eintragung ins Grundbuch

Datum	Beleg-Nr.	Text	Konto-Nr.	Soll	Haben

Erfassung im Hauptbuch

S	H

S	H

b) Durch den Verbrauch wird ein Beschaffungsvorgang ausgelöst. Schließlich geht am 16.04.20xx die Rechnung für die Lieferung im Wert von 1.428,00 EUR (brutto) ein. Erfassen Sie die Rechnung im Grundbuch bei einer bestandsorientierten Buchung.

Eintragung ins Grundbuch

Datum	Beleg-Nr.	Text	Konto-Nr.	Soll	Haben

Fortsetzung auf der nächsten Seite.

2. Aufgabe (nur Industriekontenrahmen)

Fortsetzung

c) Wie würde die Buchung lauten, wenn die Rechnung aus b) aufwandsorientiert gebucht würde?

Datum	Beleg-Nr.	Text	Konto-Nr.	Soll	Haben

3. Aufgabe (nur Industriekontenrahmen)

Buchen Sie den folgenden Beleg. Die ursprüngliche Eingangsrechnung wurde mit der bestandsorientierten Buchungsmethode erfasst.

Minerals GmbH

Minerals GmbH, Gelmstr. 17, 14566 Meversen

Keramik-Fabrik Hamburg AG
Postfach 1762
22088 Hamburg

Gelmstr. 17
14566 Meversen

Telefon: 0387 15772
Telefax: 0387 15778

GUTSCHRIFT Nr. 6

Ihre Beanstandung vom: 28.03.20xx
Unsere Lieferung vom: 26.03.20xx
Unsere Rechnung Nr. 00245 vom: 26.03.20xx

Begründung der Gutschrift	Menge	Einzelpreis EUR	Gesamtpreis EUR
Rücksendung von 40 % der Lieferung wegen Qualitätsmängeln	1.000	1,45	1.450,00
Anteilige Erstattung der Frachtkosten		150,00	150,00
		Wert der Gutschrift, netto	1.600,00
		19 % Umsatzsteuer	304,00
		Wert der Gutschrift	**1.904,00**

Um gleich lautende Buchung wird gebeten.
Musterstadt, den 28.03.20xx

Bankverbindung: Muster-Bank IBAN DE34700202310000435612 BIC MUBADEMEV22
Steuernummer: 46/713/00980 **USt-IDNr.:** DE1732876234

Es handelt sich um eine Rohstofflieferung.

4. Aufgabe (nur Industriekontenrahmen)

Von der Minerals GmbH wurde ein nachträglicher Preisnachlass auf eine Rohstofflieferung gewährt. Buchen Sie die Gutschriftanzeige vom 17.05.20xx unter der Annahme, dass ein Preisnachlass in Höhe von 20 % des ursprünglichen Netto-Rechnungsbetrages (Betrag: 5.670,00 EUR) vereinbart wurde (aufwandsorientierte Buchungsmethode):

Datum	Beleg-Nr.	Text	Konto-Nr.	Soll	Haben

5. Aufgabe (nur Industriekontenrahmen)

Mit der Minerals GmbH wurde folgende Zahlungsbedingung vereinbart: 14 Tage 2 % Skonto, 30 Tage netto.

Buchen Sie die Bezahlung einer Eingangsrechnung für Rohstoffe vom 04.06.20xx im Grundbuch und im Hauptbuch unter folgenden Bedingungen:

- Gesamtwert der Rechnung (brutto): 23.460,00 EUR
- Die Zahlung erfolgt am 11.06.20xx.
- Aufwandsorientierte Buchungsmethode

Datum	Beleg-Nr.	Text	Konto-Nr.	Soll	Haben

Fortsetzung auf der nächsten Seite.

5. Aufgabe (nur Industriekontenrahmen)

Fortsetzung

Erfassung im Hauptbuch

S **H**

S **H**

S **H**

S **H**

6. Aufgabe

Kontieren Sie folgende Geschäftsfälle, indem Sie die Kontonummern nach dem für Sie maßgeblichen Kontenrahmen sowie die zu buchenden Beträge in das Kontierungsschema eintragen.

		EUR
a)	Eingangsrechnung für Waren	5.460,00
	– 10 % Rabatt	– 546,00
		4.914,00
	+ 19 % USt	933,66
		5.847,66
b)	Eingangsrechnung für Malerarbeiten in den Geschäftsräumen	1.246,80
	+ 19 % USt	236,89
		1.483,69

Konto (Nr.)	SOLL EUR	HABEN EUR

7. Aufgabe

Ein Angestellter legt dem Kassierer unten stehende Quittung zur Erstattung vor. Für die Buchung muss der Umsatzsteueranteil berechnet werden.

a) Wie hoch ist die in dem Gesamtbetrag enthaltene Umsatzsteuer?

b) Wie lautet der Umrechnungsfaktor für das Herausrechnen der Umsatzsteuer?

c) Kontieren Sie den Beleg, indem Sie den Kontierungsstempel ausfüllen!

KÖLNER BUCHHAUS
am Neumarkt

Anz.	Titel	EUR
1	ESt-Recht	11,80
1	USt-Recht	14,80
1	Bilanzbuchhalter	76,60
		103,20

Konto (Nr.)	SOLL EUR	HABEN EUR

Im Betrag sind 7 % USt enthalten

8. Aufgabe

Bilden Sie die Buchungssätze zu folgenden Geschäftsfällen:

a) Eingangsrechnungen für Betriebsstoffe

b) Barkauf von Büromaterial

c) Kauf von Brennstoffen, die nicht lagermäßig geführt werden, gegen Barzahlung

9. Aufgabe

Schließen Sie die Umsatzsteuerkonten ab und ermitteln Sie auf diese Weise die Zahllast bzw. den Vorsteuerüberhang:

a)

S	Vorsteuer		**H**
Vb)	5.322,30	Sko)	986,77
Ka)	4.456,17		
Ba)	1.619,80		

S	Umsatzsteuer		**H**
Fo)	627,40	Fo)	3.620,80
Sko)	812,56	Ba)	3.417,26
		Ka)	1.284,81

b)

S	Vorsteuer		**H**
Vb)	36.326,40	Vb)	1.199,60
Ka)	8.839,60	Sko)	3.860,40
Ba)	5.314,00		

S	Umsatzsteuer		**H**
Fo)	5.181,50	Fo)	58.430,00
Sko)	6.288,50	Ba)	3.422,80
		Ka)	12.107,20

10. Aufgabe

Bilden Sie die Buchungssätze zu den folgenden Umsatzsteuerbuchungen:

a) Erfassung der Umsatzsteuer bei brutto gebuchten Wareneinkäufen
b) Umbuchung des Umsatzsteueranteils an den brutto gebuchten Liefererskonti
c) Verrechnung der abzugsfähigen Vorsteuer mit den Umsatzsteuerschulden
d) Verrechnung der Umsatzsteuerschulden mit den Vorsteuern bei Vorsteuerüberhang
e) Banküberweisung der Zahllast an das Finanzamt
f) Passivierung der Zahllast
g) Aktivierung des Vorsteuerüberhangs

11. Aufgabe

Kontieren Sie folgende Geschäftsfälle, indem Sie die Kontonummern nach dem für Sie maßgeblichen Kontenrahmen sowie die zu buchenden Beträge in das Kontierungsschema eintragen!

a) Barzahlung von Fracht und Rollgeld für die Anlieferung von Betriebsstoffen

Barzahlung von Fracht und Rollgeld für die Anlieferung von Betriebsstoffen	36,80
+ 19 % USt	6,99
	43,79

b) Barkauf von Büromaterial

Barkauf von Büromaterial	950,00
– 10 % Rabatt	95,00
	855,00
+ 19 % USt	162,45
	1.017,45
– 3 % Skonto	30,52
	986,93

c) Begleichung einer Liefererrechnung für Waren durch Banküberweisung

Begleichung einer Liefererrechnung für Waren durch Banküberweisung	5.376,00
– 3 % Skonto	161,28
	5.214,72

Konto (Nr.)	SOLL EUR	HABEN EUR

12. Aufgabe

Ermitteln Sie buchhalterisch den Wareneinsatz

A) für den Fall, dass Anfangs- und Endbestand sowie die Einkaufsvorgänge auf einem einzigen Konto (Waren/Wareneinkauf) gebucht werden,

B) für den Fall, dass Anfangs- und Endbestand auf einem separaten Warenbestandskonto, die Einkaufsvorgänge auf einem separaten Wareneinkaufskonto gebucht werden!

a) Tragen Sie die vorgegebenen Zahlen sowie die von Ihnen ermittelten Zahlen jeweils mit Angabe des Gegenkontos in die Konten ein!

Anfangsbestand	32.460,00 EUR
Zielkäufe	289.520,00 EUR
Barkäufe	1.680,00 EUR
Rücksendungen	3.110,00 EUR
Bezugskosten	12.840,00 EUR
Nachlässe	9.470,00 EUR
Endbestand	24.350,00 EUR

b) Ermitteln Sie den Wareneinsatz, wie unter a), wenn der Endbestand 45.690,00 EUR beträgt.

13. Aufgabe

Bilden Sie die Buchungssätze zu folgenden Geschäftsfällen:

a) Eingang einer Belastungsanzeige für Kistenpfand
b) Gutschrift des Lieferers für zurückgesandte Leihkisten
c) Barzahlung für die Anlieferung von Waren
d) Eingang der Provisionsabrechnung eines Vertreters
e) Bezahlung von Ausgangsfrachten mit Postbankscheck
f) Begleichung einer Wareneingangsrechnung durch Banküberweisung unter Abzug von Skonto

14. Aufgabe (nur Industriekontenrahmen)

Das Rohstoffkonto weist die folgenden Positionen auf:

Einkäufe	100.000,00 EUR
Schlussbestand lt. Inventur	32.000,00 EUR
Rücksendungen	1.800,00 EUR
Bezugskosten	1.200,00 EUR
Eröffnungsbestand	23.500,00 EUR
Preisnachlässe	500,00 EUR

a) Stellen Sie das Rohstoffkonto dar und ermitteln Sie den Rohstoffaufwand.

b) Wie lautet der Buchungssatz zur Erfassung des Rohstoffaufwands?

Datum	Beleg-Nr.	Text	Konto-Nr.	Soll	Haben

Tipp:

In Prüfungen wird gerne nach Skontobuchungen und -berechnungen gefragt. Dabei stellt sich die Frage, ob eine Skontoziehung grundsätzlich lohnend ist und welchem Jahreszins die Skontoziehung entspricht.

Das Fazit: Skonto ist in der Regel ein sehr gutes „Geschäft“!

Hintergrund dieses Vorteils ist einfach, dass wir uns für eine schnelle Zahlung innerhalb weniger Tage einige Prozent vom Rechnungsbetrag abziehen dürfen. Entscheidend ist dabei, dass der Prozentwert sich nur auf wenige Tage bezieht und nicht (wie sonst…) auf ein gesamtes Jahr.

Rechnet man diesen „Vorteil“ auf das ganze Jahr hoch, so ergibt sich eine sehr gute Verzinsung.

Ein Beispiel:

Welchem Jahreszinssatz entsprechen 2 % Skonto innerhalb von 10 Tagen bei 45 Tagen netto?

Der Skontoabzug entspricht einer Zinsvergütung für die Zeit vom Zahltag bis zum Fälligkeitstag der Rechnung. Für 45 – 10 = 35 Tage werden also 2 % absolut vom Rechnungsbetrag eingespart. Für 1 Tag macht das 2/35 %, für 360 Tage demnach 2/35 x 360 = 20,57 %.

Die Umrechnung eines Skontosatzes in einen Jahreszinssatz können Sie allgemein nach dieser Formel vornehmen:

Jahreszinssatz = Skontosatz · 360 / Restzielzeit *

* Restzielzeit = Zahlungsziel – Skontofrist

Zahlenbeispiel:
Z = 2 · 360 / (45 – 10) = 2 · 360 : 35 = 20,57 %

Mehr als Zwanzig Prozent! Eine sagenhafte Verzinsung, bei der sich sogar die Aufnahme eines Kredites durchaus lohnt, da die Sollzinsen für Kontokorrentschulden („Kontoüberziehung“) auch in Hochzins-Zeiten diesen Wert kaum erreichen.

Bei genauer Betrachtung ist die Verzinsung sogar noch etwas günstiger, da man den Zinsbetrag ja gleich von der Zahlung abzieht; die Verzinsung erfolgt also »praenumerandum«, d.h. die Zinsen werden im Voraus bezahlt, während die Zinsen für in Anspruch genommenen Kredit erst »postnumerandum«, also nach Ablauf der Verzinsungsperiode bezahlt werden müssen.

Notizen

2 Buchungen im Absatzbereich

Notizen

2 Buchungen im Absatzbereich des Unternehmens

2.1 Erstellung der Ausgangsrechnung an den Kunden

1. Schritt: Beleg und Geschäftsvorfall

Keramik-Fabrik Hamburg AG

Kernbrook 12 | 20011 Hamburg

KAFAHA AG · Kernbrook 12 · 20011 Hamburg
Sanitärgroßhandel Krems
Kästnerallee 134
44026 Dortmund

Ihr Zeichen: HGF166
Ihre Nachricht vom: 07.05.20..
Unser Zeichen:
Unsere Nachricht vom:

Name: Lutz Christian Bruckner
Telefon: 040 17000-10
Fax: 040 17000-111
E-Mail: bruckner@kafaha.de

Datum: 20..-06-01

Rechnungsnummer 9878998-Krems-001

KOPIE

Sehr geehrte Damen und Herren,

vereinbarungsgemäß stellen wir Ihnen folgende Positionen in Rechnung:

Lfd. Nr.	Art.-Nr.	Beschreibung	Einzel-preis	Anzahl	Mengen-einheit	Lieferdatum	Summe
1	8869345	Waschbecken WCT-90	65,20 €	500	Stück	23.05.20xx	32.600,00 €
						SUMME	32.600,00 €
						Zzgl. 19 % MwSt.	6.194,00 €
						Rechnungsbetrag	**38.794,00 €**

Bitte überweisen Sie den Rechnungsbetrag auf das unten angegebene Konto.

Zahlungsbedingung: 14 Tage 3 % Skonto, 30 Tage netto

Mit freundlichen Grüßen
KAFAHA AG

i. V. *Lutz Christian Bruckner*
Lutz Christian Bruckner

Verkaufsleitung Central Europe

Das Original der obigen Ausgangsrechnung erhält der Kunde. Für die Buchführung wird eine Kopie verwendet.

2. Schritt: Modell

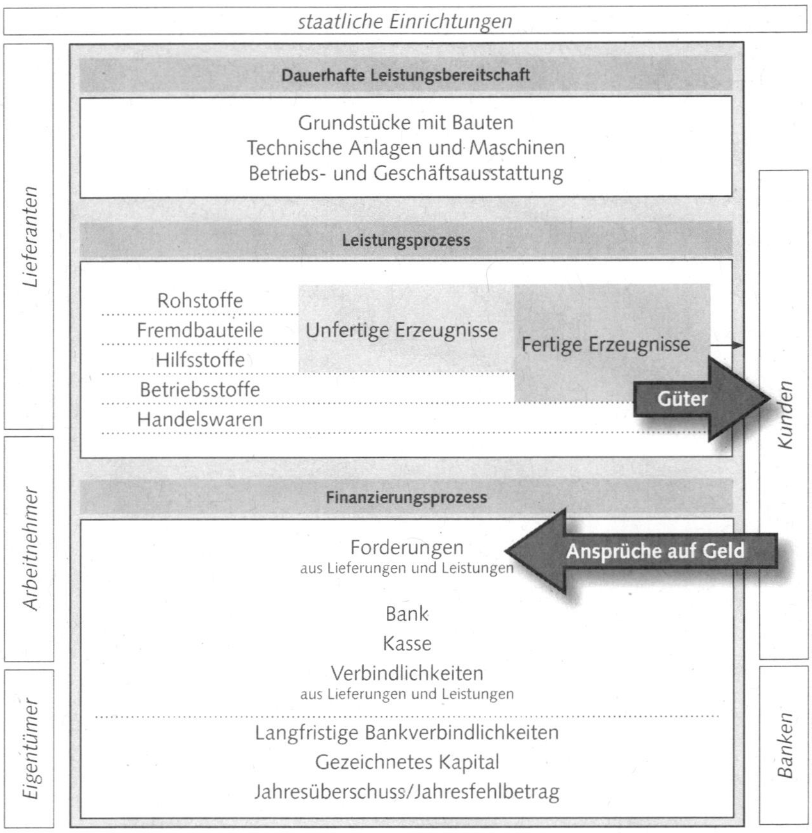

Nach der Umwandlung der Materialien im Rahmen des Produktionsprozesses werden die hergestellten Erzeugnisse (Waschbecken) an den Kunden (Sanitärgrosshandel Krems) abgegeben. Der Gegenwert der abgegebenen Erzeugnisse stellt einen Erfolg dar, der als „Umsatzerlös" erfasst wird.

Gleichzeitig entsteht ein Anspruch des Staates auf die im Rechnungsbetrag enthaltene Umsatzsteuer.

Es handelt sich dabei um eine so genannte Soll-Versteuerung bzw. die Besteuerung nach dem vereinbarten Entgelt. Damit ist gemeint, dass die Umsatzsteuer fällig ist, wenn die Rechnung geschrieben wird. Das bedeutet, dass das Unternehmen dem Finanzamt die Umsatzsteuer bereits schuldet, selbst wenn die Zahlung vom Kunden erst später eintrifft!

Eine Ausnahme besteht für kleinere Unternehmen. Diese können die Umsatzsteuer erst dann erfassen/abführen, wenn die Zahlung des Kunden tatsächlich erfolgt ist (= Ist-Versteuerung bzw. Besteuerung nach dem vereinnahmten Entgelt).

Tipp:

In den kaufmännischen Abschlussprüfungen sind die Beispielunternehmen nicht als „kleine Unternehmen" einzustufen. Daher wird grundsätzlich von einer Soll-Versteuerung ausgegangen. Die Buchung der Umsatzsteuer erfolgt damit bereits mit der Erfassung der Ausgangsrechnung.

!

Durch die Ausgangsrechnung entsteht ein Rechtsanspruch auf Zahlung des Kaufpreises innerhalb der vereinbarten Zahlungsfrist. Es handelt sich hierbei um ein Zielgeschäft, da der Kunde die Ware zunächst erhalten hat (Lieferdatum 23.5.) und die Rechnung erst später bezahlen kann (innerhalb von spätestens 30 Tagen). Dieser Zahlungsanspruch stellt aus Sicht des Verkäufers einen Vermögenswert dar und wird als „Forderung“ bezeichnet.

Im Einzelhandel oder in besonderen Fällen kann die Bezahlung der Ware Zug-um-Zug und damit sofort erfolgen. Zum Teil wird auch in anderen Branchen eine sofortige Zahlung in bestimmten Fällen verlangt. Hier einige Beispiele:

- Es handelt sich um einen neuen Kunden, dessen Zahlungsmoral noch nicht bekannt ist.
- Es handelt sich um einen Kunden bei dem in der Vergangenheit Zahlungsschwierigkeiten aufgetreten sind.
- Es handelt sich um einen Kunden mit Sitz im Ausland. Um das Risiko eines Zahlungsausfalls auszuschließen, werden besondere Zahlungsformen gewählt.

3. Schritt: Umsetzung in der Buchführung

Durch die Lieferung der Produkte kommt es zu einem Wertzugang bei Forderungen, da ein Rechtsanspruch auf Zahlung besteht.

→ SOLL-Buchung auf dem Konto „Forderungen“

Gleichzeitig kommt es zum Wertzufluss, der auf dem Erfolgskonto „Umsatzerlöse“ erfasst wird.

→ HABEN-Buchung auf dem Konto „Umsatzerlöse“

Zudem wird die Umsatzsteuer in Rechnung gestellt. Damit entsteht die Verpflichtung zur Abführung des Betrages an das Finanzamt (Soll-Versteuerung).

→ HABEN-Buchung auf dem Konto „Umsatzsteuer (19 %)“

<u>Arbeitsschritte:</u>

Eintragung ins Grundbuch

Datum	Beleg-Nr.	Text	Konto-Nr.	Soll	Haben
01.06.20xx	1045	Forderungen (Fa. Krems)		38.794,00	
		an Umsatzerlöse			32.600,00
		an Umsatzsteuer (19 %)			6.194,00

Erfassung im Hauptbuch

S	Forderungen	H
38.794,00		

S	Umsatzerlöse	H
		32.600,00

S	Umsatzsteuer (19 %)	H
		6.194,00

2.2 Bezahlung der Rechnung durch den Kunden

1. Schritt: Beleg und Geschäftsvorfall

SEPA-Girokonto **Hamburgbank AG**	IBAN: DE122007500100273675 BIC: HMGBDEF2K12	Kontoauszug 213 Blatt
Datum	Erläuterungen	Betrag
Kontostand in EUR am 28.06.20.., Auszug Nr. 212		682.555,56 +
30.06.	RNR: 9878998-Krems-001 vom 01.06.20xx	38.794,00 +
Kontostand in EUR am 01.07.20.., 10.30 Uhr		721.349,56 +
Ihr Dispositionskredit beträgt 500.000,00 EUR		
KERAMIK-FABRIK HAMBURG AG, Kernbrook 12, 20011 Hamburg		

Im Normalfall wird der Kunde die angebotene Möglichkeit zur Skontoziehung nutzen. Dieser Fall wird hier aus Vereinfachungsgründen zunächst nicht verfolgt und später erläutert.

2. Schritt: Modell

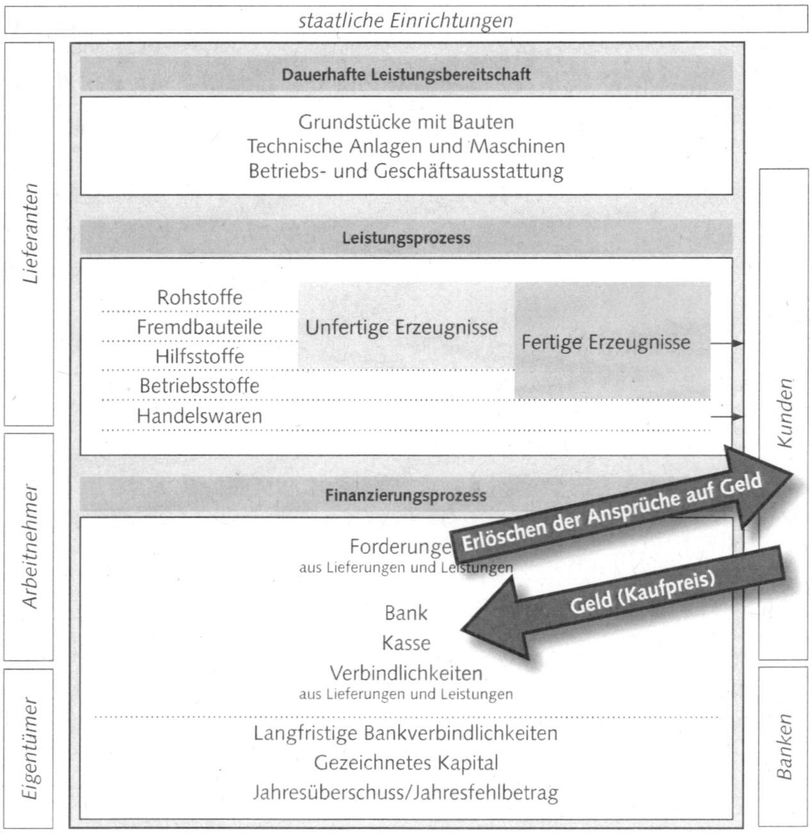

Durch die Bezahlung der Rechnung erlöschen die Ansprüche auf Zahlung des Rechnungsbetrages. Es findet ein Abgang von Werten statt. Gleichzeitig kommt es aber zu einem Zugang an Werten, da dem Unternehmen Geldmittel zufließen und den Bestand des Bankguthabens erhöhen.

3. Schritt: Umsetzung in der Buchführung

Durch die Bezahlung der Rechnung ergibt sich die Erhöhung des Bestandes auf dem Bankkonto.

→ SOLL-Buchung auf dem Konto „Bank“

Gleichzeitig erlöschen die Ansprüche auf Zahlung. Dieser Wertabgang verringert den Bestand an Forderungen.

→ HABEN-Buchung auf dem Konto „Forderungen“

Arbeitsschritte:

Eintragung ins Grundbuch

Datum	Beleg-Nr.	Text	Konto-Nr.	Soll	Haben
30.06.20xx	1234	Bank		38.794,00	
		an Forderungen			38.794,00

Erfassung im Hauptbuch

S	Bank	H
38.794,00		

S	Forderungen	H
(38.794,00)		38.794,00

Besonderheiten/Ergänzungen:

1. Verkauf von Handelswaren

Werden Produkte ohne weitere Be- oder Verarbeitung weiter verkauft, handelt es sich um Handelswaren. Die erzielten Erlöse werden gesondert auf dem Konto „Umsatzerlöse für Waren“ erfasst.

Tipp:

Die Aufgaben in kaufmännischen Abschlussprüfungen beziehen sich jeweils auf ein Beispielunternehmen. Bei einigen Aufgaben muss vorab anhand der Unternehmensbeschreibung geprüft werden, ob es sich bei dem angegebenen Produkt um ein eigenes Erzeugnis (=> Konto „Umsatzerlöse für eigene Erzeugnisse“) oder um Handelsware (=> Konto „Umsatzerlöse für Waren“) handelt.

2. Vertriebskosten

Beim Absatz der Produkte und Waren können verschiedene Kosten anfallen, die auf den entsprechenden Konten zu erfassen sind:

Vertriebskosten	Erläuterung	Konto
Frachten	u. a. Paketgebühren, Transportkosten, Rollgelder/Hausfracht	IKR 614 Frachten und Fremdlager bzw. GrKR 462 Ausgangsfrachten; bei Weiterbelastung an den Kunden Erfassung auf dem Konto „Umsatzerlöse“
Fremdlagerung	Vergütung für unternehmensexterne Lagerhalter	IKR 614 Frachten und Fremdlager bzw. GrKR 462 Ausgangsfrachten; bei Weiterbelastung an den Kunden Erfassung auf dem Konto „Umsatzerlöse“
Verkaufsverpackung	Teilweise erforderlich, um die Produkte in einen verkaufsfähigen Zustand zu versetzen	IKR 604 Verpackungsmaterial; GrKR 461 Verpackungsmaterial; bei Weiterbelastung an den Kunden Erfassung auf dem Konto „Umsatzerlöse“
Transportverpackung	Teilweise erforderlich, um den unbeschadeten Transport der Produkte zu ermöglichen (z. B. seefeste Verpackung)	i. d. R. Weiterbelastung an den Kunden und Erfassung auf dem Konto „Umsatzerlöse“
Transportversicherungen	Zur Versicherung der Produkte gegen Transportschäden	IKR 614 Frachten und Fremdlager; GrKR 426 Versicherungen oder eigenes 46er Konto; bei Weiterbelastung an den Kunden Erfassung auf dem Konto „Umsatzerlöse“
Vertriebsprovisionen	Vergütung für unternehmensexterne Absatzhelfer (z. B. Handelsvertreter)	IKR 615 Vertriebsprovisionen; GrKR 450 Vertriebsprovisionen

Werden dem Kunden Vertriebskosten in Rechnung gestellt, muss hierfür die Umsatzsteuer berechnet werden.

Hier als Beispiel die Buchung der Eingangsrechnung einer Spedition für die obige Lieferung (IKR):

Datum	Beleg-Nr.	Text	Konto-Nr.	Soll	Haben
01.06.20xx	xxx	Frachten und Fremdlager		600,00	
		Vorsteuer (19 %)		114,00	
		an Verbindlichkeiten			714,00

Bei Weiterbelastung an den Kunden (IKR):

Datum	Beleg-Nr.	Text	Konto-Nr.	Soll	Haben
01.06.20xx	xxx	Forderungen (Fa. Krems)		714,00	
		an Umsatzerlöse			600,00
		an Umsatzsteuer (19 %)			114,00

3. Nachlässe an den Kunden

Im Laufe der Verkaufsverhandlungen oder zu einem späteren Zeitpunkt können sich Preisnachlässe ergeben:

- **Sofortrabatte:** Wird bereits auf der Ausgangsrechnung ein Rabatt z. B. wegen einer besonders hohen Menge berücksichtigt, so wird nur der verminderte Wert der Umsatzerlöse bzw. Umsatzsteuer erfasst. Eine gesonderte Buchung ist nicht erforderlich.
- **Rücksendungen von Material/Waren aufgrund von Mängelrügen:** Sind die Produkte falsch an den Kunden geliefert worden oder liegt ein Mangel vor, werden die Produkte in einigen Fällen an den Lieferanten zurück geschickt.

Sofern bereits eine Ausgangsrechnung erstellt wurde, wird hierzu eine so genannte „Gutschriftanzeige“ oder kurz „Gutschrift“ erstellt, die als Buchungsbeleg zu berücksichtigen ist:

Keramik-Fabrik Hamburg AG

Kernbrook 12 | 20011 Hamburg

KAFAHA AG · Kernbrook 12 · 20011 Hamburg
Sanitärgroßhandel Krems
Kästnerallee 134
44026 Dortmund

Ihr Zeichen: HGF166
Ihre Nachricht vom: 07.06.20..
Unser Zeichen:
Unsere Nachricht vom:

Name: Lutz Christian Bruckner
Telefon: 040 17000-10
Fax: 040 17000-111
E-Mail: bruckner@kafaha.de

Datum: 20..-06-08

Ihre Mängelanzeige vom 07.06.20xx

Sehr geehrte Damen und Herren,

wir bedauern die Qualitätsmängel und schreiben Ihnen absprachegemäß die folgenden Beträge gut:

			GUTSCHRIFT
Ihre Beanstandung vom: Unsere Lieferung vom: Unsere Rechnungs-Nr.: Vom:	07.06.20xx 23.05.20xx **9878998-Krems-001** 01.06.20xx		
Begründung der Gutschrift	**Menge**	**Einzelpreis EUR**	**Gesamtpreis EUR**
Rücksendung von 10 % der gelieferten Waschbecken WCT-90 wegen Qualitätsmängeln	50	65,20	3.260,00
		Wert der Gutschrift, netto	3.260,00
		19 % Umsatzsteuer	619,40
		Wert der Gutschrift	**3.879,40**
Um gleichlautende Rechnung wird gebeten.			

Mit freundlichen Grüßen
KAFAHA AG

i. V. *Lutz Christian Bruckner*
Lutz Christian Bruckner

Verkaufsleitung Central Europe

Damit wird der Wert der ursprünglich gebuchten Forderung quasi im Nachhinein verringert.

Buchung nach Erhalt der obigen Gutschriftanzeige:

Datum	Beleg-Nr.	Text	Konto-Nr.	Soll	Haben
08.06.20xx	xxx	Erlösberichtigungen		3.260,00	
		Umsatzsteuer (19 %)		619,40	
		an Forderungen (Fa. Krems)			3.879,40

Damit wird nicht nur der Rechtsanspruch auf Zahlung (Forderung), sondern zugleich der Erlös und die Verpflichtung zur Abführung der Umsatzsteuer reduziert.

Am Ende der Buchungsperiode wird das Konto Erlösberichtigungen über das Konto Umsatzerlöse abgeschlossen:

Datum	Beleg-Nr.	Text	Konto-Nr.	Soll	Haben
30.06.20xx	xxx	Umsatzerlöse		3.260,00	
		an Erlösberichtigungen			3.260,00

Bruttomethode: Bei den Erlösschmälerungen kann zunächst nur der Bruttobetrag erfasst und am Monatsende die Umsatzsteuer insgesamt korrigiert werden. Bei Erteilung der Gutschrift werden die Erlösschmälerungen daher mit ihrem Bruttowert (inkl. Steuer) gebucht.

- Nachträgliche Preisnachlässe – Kundenskonto: Einige Unternehmen bieten ihren Kunden einen Preisnachlass an, wenn die Rechnung innerhalb einer bestimmten Frist bezahlt wird. Dieser Preisnachlass wird als Skonto bezeichnet.

  In unserem Ausgangsbeispiel war als Zahlungsbedingung „Zahlung: innerhalb 14 Tage 3 % Skonto, 30 Tage netto“ genannt worden.

Ursprünglicher Rechnungsbetrag	38.794,00 EUR
– 3 % Skontobetrag	1.163,82 EUR
= Zahlungsbetrag	37.680,18 EUR

  Sofern Skonto genutzt wird, ergibt sich die Situation, dass der ursprüngliche Betrag der Ausgangsrechnung nicht mit dem Zahlungsbetrag übereinstimmt. Würde der Zahlungsbetrag gebucht, würde sich folgendes Bild ergeben:

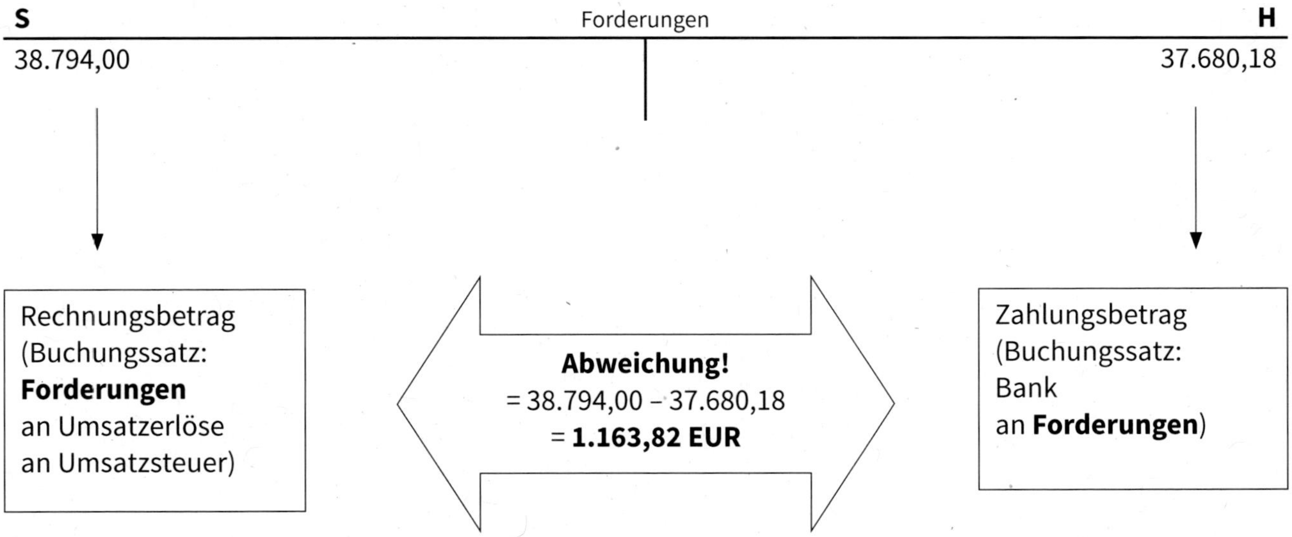

Daher wird bei der Buchung des Zahlungsvorganges die Abweichung entsprechend mit berücksichtigt. Da der Skontobetrag vom Bruttorechnungsbetrag berechnet wurde, ist eine Korrektur der Umsatzsteuer erforderlich. Anderenfalls würde die Verpflichtung gegenüber dem Finanzamt zu hoch ausgewiesen werden.

Tipp:

In kaufmännischen Abschlussprüfungen finden Sie immer wieder Aufgaben mit Skontoberechnungen und Skontobuchungen.

Prüfen Sie bei der Bearbeitung unbedingt, ob möglicherweise in den angegebenen Werten die Steuern enthalten sind oder nicht. Damit lassen sich eine Vielzahl von Fehler vermeiden.

Berücksichtigen Sie dabei, dass Brutto-Beträge einen erhöhten Grundwert darstellen und damit jeweils 119 % entsprechen!

Im vorliegenden Beispiel muss daher eine Aufteilung des Bruttoskonto auf den Netto-Betrag sowie die Umsatzsteuer erfolgen:

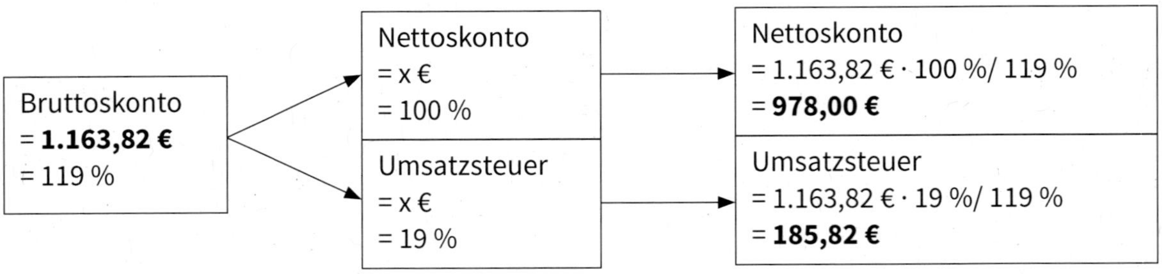

Nach der Aufteilung kann nun die entsprechende Buchung erfolgen:

Datum	Beleg-Nr.	Text	Konto-Nr.	Soll	Haben
05.03.20xx	xxx	Bank		37.680,18	
		Kundenskonto		978,00	
		Umsatzsteuer (19 %)		185,82	
		an Forderungen			38.794,00

Erfassung im Hauptbuch

S	Bank	H
37.680,18		

S	Forderungen	H
(38.794,00)		38.794,00

S	Kundenskonto	H
978,00		

S	Umsatzsteuer (19 %)	H
185,82		

Sofern wieder ein Bruttoverfahren eingesetzt wird, wird der Bruttobetrag auf dem Konto Kundenskonto erfasst und erst am Monatsende der Umsatzsteuerbetrag korrigiert.

Exkurs: Gesetzliche Mindestanforderungen an Rechnungen

In einigen Aufgaben kaufmännischen Abschlussprüfungen wurde in der Vergangenheit nach den Mindestanforderungen an Rechnungen gefragt. Dabei sollen z. B. die gesetzlich notwendigen Bestandteile von den nicht notwendigen Bestandteilen unterschieden werden.

Der Gesetzgeber hat bestimmte Mindestanforderungen für Rechnungen definiert. Hintergrund dabei ist die Nachvollziehbarkeit der Vorsteuer bzw. Umsatzsteuer.

Im Umsatzsteuergesetz sind die notwendigen Inhalte einer Rechnung genannt. Fehlen einzelne Angaben, so kann dieses dazu führen, dass der Vorsteuerabzug nicht möglich ist. Insofern ist der jeweilige Leistungsempfänger verpflichtet, sich über die Richtigkeit der Rechnungsangaben zu vergewissern und ggf. eine Neuausstellung der Rechnung zu verlangen.

Gesetzlicher Mindestinhalt von Rechnungen (vgl. u. a. § 14 Abs. 4 Umsatzsteuergesetz; §§ 31 ff. Umsatzsteuerdurchführungsverordnung):

1. Name und Anschrift des leistenden Unternehmers und des Leistungsempfängers
2. Steuernummer oder Umsatzsteuer-Identifikationsnummer
3. Ausstellungsdatum
4. Rechnungsnummer
5. Leistungsbeschreibung
6. Leistungs- oder Vereinnahmungszeitpunkt
7. Entgelt und Entgeltsminderung
8. Steuersatz und Steuerbetrag oder Hinweis auf eine Steuerbefreiung
9. bei Leistungen für Grundstücke: Aufbewahrungspflicht des Leistungsempfängers in den Fällen des § 14b Abs. 1 S. 5 UStG

Erleichterung für Rechnungen gibt es für **Kleinbetragsrechnungen** (Gesamtbetrag bis 250 Euro). Sie müssen mindestens folgende Angaben enthalten:

1. den vollständigen Namen und die vollständige Anschrift des leistenden Unternehmers,
2. das Ausstellungsdatum,
3. die Menge und die Art der gelieferten Gegenstände oder den Umfang und die Art der sonstigen Leistung und
4. das Entgelt und den darauf entfallenden Steuerbetrag für die Lieferung oder sonstige Leistung in einer Summe sowie den anzuwendenden Steuersatz oder ggf. ein Hinweis zur Geltung einer Steuerbefreiung.

Verschiedene Angaben sind auf der Rechnung daher nicht zwingend erforderlich. Sie dienen lediglich der kaufmännischen Vereinfachung, wie z. B.

- Name des Ansprechpartners
- Kundennummer
- Ort der Warenannahme
- Lieferungsbedingungen
- Unterschrift des Rechnungserstellers

1. Aufgabe

a) Buchen Sie die folgenden Belege im Grundbuch und Hauptbuch.

Keramik-Fabrik Hamburg AG

Kernbrook 12 | 20011 Hamburg

KAFAHA AG · Kernbrook 12 · 20011 Hamburg
Ceramics Petersen GmbH
Danziger Str. 65a
22088 Hamburg

Ihr Zeichen: Weinmann
Ihre Nachricht vom: 08.09.20..
Unser Zeichen:
Unsere Nachricht vom:

Name: Lutz Christian Bruckner
Telefon: 040 17000-10
Fax: 040 17000-111
E-Mail: bruckner@kafaha.de

Datum: 20..-09-17

Rechnungsnummer 23672345-Ceramics-019

KOPIE

Sehr geehrter Herr Weinmann,

vereinbarungsgemäß stellen wir Ihnen folgende Positionen in Rechnung:

Lfd. Nr.	Art.-Nr.	Beschreibung	Einzel-preis	Anzahl	Mengen-einheit	Lieferdatum	Summe
1	1765122	Fliesen Marocco Mosaik 5	24,89 €	500	Paket	15.09.20xx	12.445,00 €
						SUMME	12.445,00 €
						Zzgl. 19 % MwSt.	2.364,55 €
						Rechnungsbetrag	**14.809,55 €**

Bitte überweisen Sie den Rechnungsbetrag auf das unten angegebene Konto.

Zahlungsbedingung: 30 Tage netto

Mit freundlichen Grüßen
KAFAHA AG

i. V. Lutz Christian Bruckner
Lutz Christian Bruckner

Verkaufsleitung Central Europe

Eintragung ins Grundbuch

Datum	Beleg-Nr.	Text	Konto-Nr.	Soll	Haben

Erfassung im Hauptbuch

S	H

S	H

S	H

b)

SEPA-Girokonto **Hamburgbank AG**	IBAN: DE122007500100273675 BIC: HMGBDEF2K12	Kontoauszug 335 Blatt
Datum	Erläuterungen	Betrag
Kontostand in EUR am 26.09.20.., Auszug Nr. 334		320.344,67 +
27.09.	RNR: 23672345-Ceramics-019 vom 17.09.20xx	14.809,55 +
Kontostand in EUR am 01.10.20.., 10.30 Uhr		335.154,22 +
Ihr Dispositionskredit beträgt 500.000,00 EUR		
KERAMIK-FABRIK HAMBURG AG, Kernbrook 12, 20011 Hamburg		

Eintragung ins Grundbuch

Datum	Beleg-Nr.	Text	Konto-Nr.	Soll	Haben

Erfassung im Hauptbuch

S	H

S	H

2. Aufgabe

Für die Lieferung an die Ceramics GmbH (siehe Aufgabe 1) erhalten wir am 23.09.20xx eine Rechnung einer Spedition in Höhe von 300,00 EUR (netto). Buchen Sie den Beleg.

Datum	Beleg-Nr.	Text	Konto-Nr.	Soll	Haben

3. Aufgabe

Bei der Lieferung an die Ceramics GmbH sind durch unser Verschulden fünf Fliesenpakete beschädigt worden. Dieser Mangel wurde erst beim Öffnen der Pakete am 10.10.20xx festgestellt. Hierfür erstellen wir am 11.10.20xx eine Gutschrift in Höhe von 5 · 24,89 EUR = 124,45 EUR (netto).

Buchen Sie die Gutschrift.

Datum	Beleg-Nr.	Text	Konto-Nr.	Soll	Haben

4. Aufgabe

Die Zahlung einer Kundenrechnung des Unternehmens „ihrbad.de" geht ein. Der Rechnungsbetrag betrug insgesamt 4.235,00 EUR (brutto), wobei folgende Zahlungsbedingung vereinbart wurde:
10 Tage 3 % Skonto, 30 Tage netto. Der Kunde zahlt am 05.03.20xx innerhalb der vereinbarten Skontofrist unter Abzug von Skonto.

Buchen Sie den Zahlungseingang im Grundbuch und im Hauptbuch.

Datum	Beleg-Nr.	Text	Konto-Nr.	Soll	Haben

Erfassung im Hauptbuch

S H

S H

S H

S H

5. Aufgabe

Kreuzen Sie an, ob es sich bei den Elementen einer Rechnung um eine gesetzliche Mindestanforderung oder lediglich um eine kaufmännische Angabe handelt, die nicht zwingend erforderlich ist.

Rechnungselement	Gesetzliche Mindestanforderung	Rein kaufmännische Angabe
Kundennummer		
Name des Ansprechpartners		
Ausstellungsdatum		
Leistungszeitpunkt		
Name und Anschrift des leistenden Unternehmers		
Lieferungsbedingungen		
Rechnungsnummer		
Steuernummer oder Umsatzsteuer-Identifikationsnummer		
Name und Anschrift des Leistungsempfängers		
Unterschrift des Rechnungserstellers		

6. Aufgabe

Ein Kunde schuldet uns 5.000,00 EUR zzgl. Umsatzsteuer (19%). Wegen eines Mangels einigen wir uns auf einen Abzug von brutto 400,00 EUR und erhalten von ihm den Restbetrag per Banküberweisung.

Stellen Sie diesen Geschäftsvorfall auf den Hauptbuchkonten dar.

3 Buchungen bei der Ein- und Ausfuhr

Notizen

3 Buchungen bei der Ein- und Ausfuhr

Vorbemerkung:

Dieses Kapitel richtet sich speziell an Prüfungsteilnehmer aus dem Bereich Groß- und Außenhandel. Andere Lernende können dieses Kapitel einfach überspringen, da bei anderen Prüfungen kaum Fragestellungen zu Buchungen bei der Ein- und Ausfuhr von Gütern auftreten. Bei Industriekaufleuten finden sich allerdings allgemeine Fragen zur Rechnungserstellung im Außenhandel (z. B. im Fach Geschäftsprozesse).

Im Austausch mit ausländischen Kunden müssen zwei wesentliche Fälle getrennt betrachtet werden:

1. Warenverkehr mit anderen Ländern der Europäischen Union = Innergemeinschaftlicher Güterverkehr
Beispiele: Warenverkehr mit Kunden/Lieferanten aus Dänemark, Frankreich, Niederlande, Polen oder Lettland

2. Warenverkehr mit Nicht-EU-Ländern (so genannte Drittländer)
Beispiele: Warenverkehr mit Kunden/Lieferanten aus USA, Schweiz, Australien, China, Indien

3.1 Innergemeinschaftlicher Güterverkehr

A. Innergemeinschaftlicher Erwerb

1. Schritt: Beleg und Geschäftsvorfall

Eingangsrechnung für eine Maschine eines Lieferanten aus Dänemark. Es wurde eine Rechnungsstellung und Zahlung in Euro vereinbart.

danske maskine A/S

danske maskine a/s, Helmvej 12, DK-7610 Esbjerg

Keramik-Fabrik Hamburg AG
Postfach 1762
D-22088 Hamburg

Helmvej 12
DK-7610 Esbjerg

Telefon: +45 75 16 17 56
Telefax: +45 75 16 17 88

Rechnung

Ihre Bestellung vom: 02.04.20xx

Kunden-Nr.	Rechnungs-Nr.	Rechnungs-/Lieferungsdatum
345912	23467509	21.04.20xx
Bei Zahlung bitte angeben		

Artikel Nr.	Artikel Bezeichnung	Menge	Einzelpreis EUR	Gesamtpreis EUR
061543	Laserschneidemaschine Typ GZH-450 Ihre USt.-IdNr. DE896735679	1	32.000,00	32.000,00

Warenwert, netto	Verpackung	Fracht	Nettoentgelt	USt	Bruttoentgelt
32.000,00 EUR			32.000,00 EUR	-	32.000,00 EUR

Lieferung: ab Lager
Zahlung: 30 Tage netto
Bankverbindung: Danske Bank A/S BIC/SWIFT: DABADKKK IBAN: DK795449234652
SE-Nr./USt-IdNr.: DK 17 98 65 23

2. Schritt: Modell

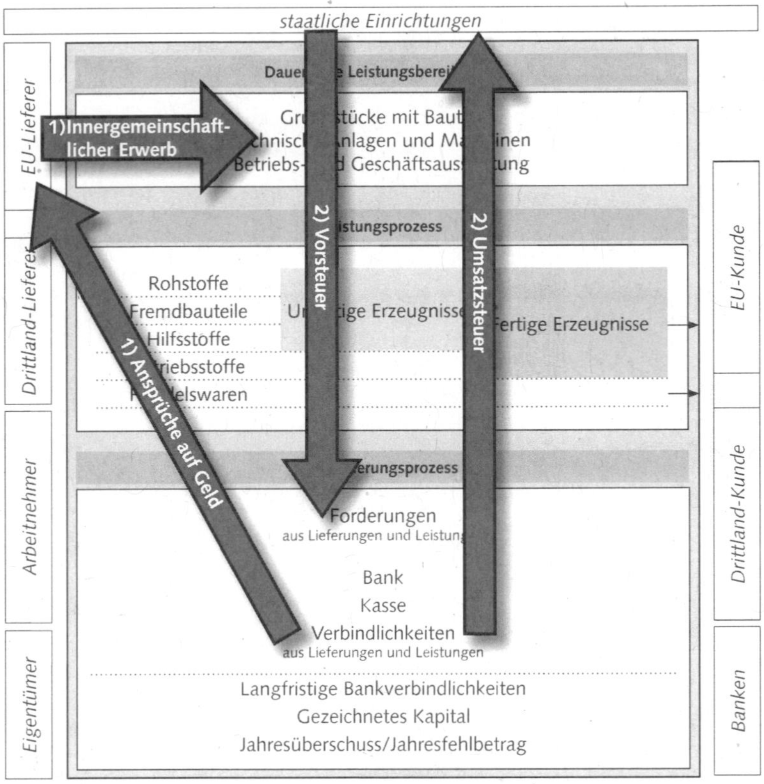

Sofern Waren innerhalb der Europäischen Union gehandelt werden, liegt ein innergemeinschaftlicher Erwerb (für den Käufer) bzw. eine innergemeinschaftliche Lieferung (für den Verkäufer) vor. Hierbei geht es um die Bestimmungen zur Umsatzsteuer. Besteuert wird dabei nicht die Lieferung der Ware, sondern deren Erwerb. Das bedeutet, dass der jeweilige Umsatzsteuersatz des Bestimmungslandes anzuwenden ist. Die Lieferung des dänischen Lieferanten muss daher nicht mit dem dänischen Umsatzsteuersatz von 25 %, sondern mit dem deutschen Umsatzsteuersatz in Höhe von 19 % versteuert werden.

Die Keramik-Fabrik Hamburg schuldet dem Finanzamt die Umsatzsteuer, die gleichzeitig als Vorsteuer geltend gemacht werden kann. Damit wird der gewerbliche Erwerber – wie im Inland – nicht belastet.

Bei der Umsatzsteuervoranmeldung sind die innergemeinschaftlichen Erwerbe bzw. Lieferungen gesondert auszuweisen.

Daher werden für diese Zwecke gesonderte Konten eingerichtet:

Konto	Erläuterung
Innergemeinschaftlicher Erwerb	Alle Einkäufe von Waren, Werkstoffen, Anlagegütern von Lieferanten aus anderen EU-Ländern. Hier erfolgt die erste Erfassung der Wertvorgänge. Später erfolgt die Umbuchung auf die entsprechenden Sachkonten (z. B. Maschinen, Rohstoffe, Handelswaren).
Vorsteuer für Innergemeinschaftlichen Erwerb	Erfassung der Vorsteuer, die ein EU- Lieferant dem Unternehmen in Rechnung gestellt hat
Umsatzsteuer für Innergemeinschaftlichen Erwerb	Erfassung der Umsatzsteuer, die das Unternehmen einem EU-Kunden in Rechnung gestellt hat
Erlöse aus innergemeinschaftlicher Lieferung	Umsatzerlöse durch den Verkauf an Kunden in anderen EU-Ländern

3. Schritt: Umsetzung in der Buchführung

Durch die Lieferung ergibt sich ein Wertzugang bei Maschinen. Dieser Wertzugang wird zunächst auf dem Konto „Innergemeinschaftlicher Erwerb“ erfasst.

→ SOLL-Buchung auf dem Konto „Innergemeinschaftlicher Erwerb“

Gleichzeitig erhöht sich der Bestand an Verbindlichkeiten, da nun eine Zahlungsverpflichtung gegenüber dem Lieferanten besteht.

→ HABEN-Buchung auf dem Konto „Verbindlichkeiten“

1. Buchung eines innergemeinschaftlichen Erwerbs

Erfassung im Grundbuch

Datum	Beleg-Nr.	Text	Konto-Nr.	Soll	Haben
21.04.20xx	893	Innergemeinschaftlicher Erwerb		32.000,00	
		an Verbindlichkeiten			32.000,00

Erfassung im Hauptbuch

S	Innergemeinschaftlicher Erwerb	H
32.000,00		

S	Verbindlichkeiten (danske maskine)	H
		32.000,00

2. Buchung der Umsatz-/Vorsteuer bei einem innergemeinschaftlichen Erwerb (19 % von 32.000,00 EUR = 6.080,00 EUR)

Erfassung im Grundbuch

Datum	Beleg-Nr.	Text	Konto-Nr.	Soll	Haben
21.04.20xx	894	Vorsteuer für innergemeinschaftlichen Erwerb		6.080,00	
		an Umsatzsteuer für innergemeinschaftlichen Erwerb			6.080,00

Erfassung im Hauptbuch

S	Vorsteuer für innergemeinschaftlichen Erwerb	H
6.080,00		

S	Umsatzsteuer für innergemeinschaftlichen Erwerb	H
		6.080,00

3. Umbuchung des innergemeinschaftlichen Erwerbs auf das entsprechende Sachkonto

Erfassung im Grundbuch

Datum	Beleg-Nr.	Text	Konto-Nr.	Soll	Haben
21.04.20xx	895	Technische Anlagen und Maschinen		32.000,00	
		an Innergemeinschaftlicher Erwerb			32.000,00

Erfassung im Hauptbuch

S	Technische Anlagen und Maschinen	H
32.000,00		

S	Innergemeinschaftlicher Erwerb	H
(32.000,00)		32.000,00

B. Innergemeinschaftliche Lieferung

1. Schritt: Beleg (ohne Abbildung) und Geschäftsvorfall

Es liegt eine Ausgangsrechnung an einen französischen Kunden vom 25.04.20xx in Höhe von 7.632,00 EUR vor. Alle Voraussetzungen für eine steuerfreie Lieferung liegen vor.

2. Schritt: Modell

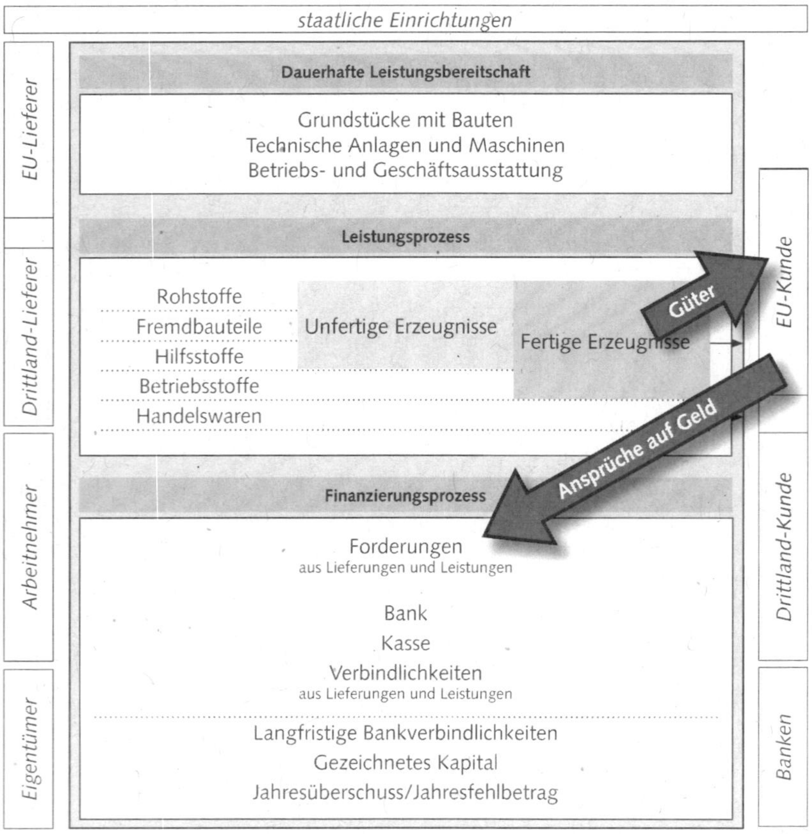

3. Schritt: Umsetzung in der Buchführung

Durch die Lieferung der Fertigprodukte an den Kunden erhöht sich der Bestand an Forderungen.

→ SOLL-Buchung auf dem Konto „Forderungen"

Gleichzeitig muss der Erfolg auf dem Konto „Erlöse aus innergemeinschaftlicher Lieferung" erfasst werden.

→ HABEN-Buchung auf dem Konto „Erlöse aus innergemeinschaftlicher Lieferung"

Erfassung im Grundbuch

Datum	Beleg-Nr.	Text	Konto-Nr.	Soll	Haben
25.04.20xx	968	Forderungen		7.632,00	
		an Erlöse aus innergemeinschaftlicher Lieferung			7.632,00

Die Umsatzsteuer darf wegen des Bestimmungslandprinzips nicht gebucht werden! Sie wird beim Kunden erfasst (siehe A. Innergemeinschaftlicher Erwerb).

Erfassung im Hauptbuch

S	Forderungen	H
7.632,00		

S	Erlöse aus innergemeinschaftlicher Lieferung	H
		7.632,00

Besonderheiten/Ergänzungen:

1. Umsatzsteueridentifikationsnummer

Zur Überprüfung der Umsatzsteuer innerhalb der EU wird eine Umsatzsteueridentifikationsnummer zugeteilt. Sie beginnt mit dem jeweiligen Ländercode (z. B. DE für Deutschland) und erleichtert den Informationsaustausch zwischen den Finanzbehörden der einzelnen EU-Länder. Ausgangsrechnungen müssen daher die jeweilige Nummer des leistenden Unternehmens und die des empfangenden Unternehmens (= Kunden) beinhalten.

2. Einkäufe von Privaten

Private Einkäufe im Ausland unterliegen der Umsatzsteuer des jeweiligen Einkaufslandes.
Das Bestimmungslandprinzip gilt hier nicht.

3. Unterkonten

Für etwaige Bezugskosten und Nachlässe bei Einkaufsprozessen sowie für Nachlässe bei Verkaufsprozessen werden entsprechende Unterkonten zu den Konten „Innergemeinschaftlicher Erwerb" bzw. „Erlöse aus innergemeinschaftlicher Lieferung" geführt.

3.2 Warenverkehr mit Nicht-EU-Ländern (Drittländern)

A. Wareneinfuhr

1. Schritt: Beleg und Geschäftsvorfall

KoK Keramikbedarf GmbH

KoK GmbH, Bernweg 108, CH-4046 Basel

Keramik-Fabrik Hamburg AG
Postfach 1762
D-22088 Hamburg

Bernweg 108
CH-4046 Basel

Telefon: +41 (0) 61 69 69 71
Telefax: +41 (0) 61 69 69 72

Rechnung

Ihre Bestellung vom:	Kunden-Nr.	Rechnungs-Nr.	Rechnungs-/Lieferungsdatum
07.08.20xx	75489764	100206863	28.08.20xx
	Bei Zahlung bitte angeben		

Artikel Nr.	Artikel Bezeichnung	Menge kg	Einzelpreis EUR	Gesamtpreis EUR
639845	Gefällte Kieselsäure CAS-Nummer : 7631-86-9	800	21,25	17.000,00

Warenwert, netto	Verpackung	Fracht	Nettoentgelt	USt	Bruttoentgelt
17.000,00 EUR	-	1.345,00 EUR	18.345,00 EUR	-	18.345,00 EUR

Lieferung: ab Werk
Zahlung: 30 Tage netto
Bankverbindung: Credit Suisse AG BIC/SWIFT: CRESCHZZ80A IBAN: CH056 0483 5012 3456 7800 9

Es wurde eine Rechnungsstellung und Zahlung in Euro vereinbart.

2. Schritt: Modell

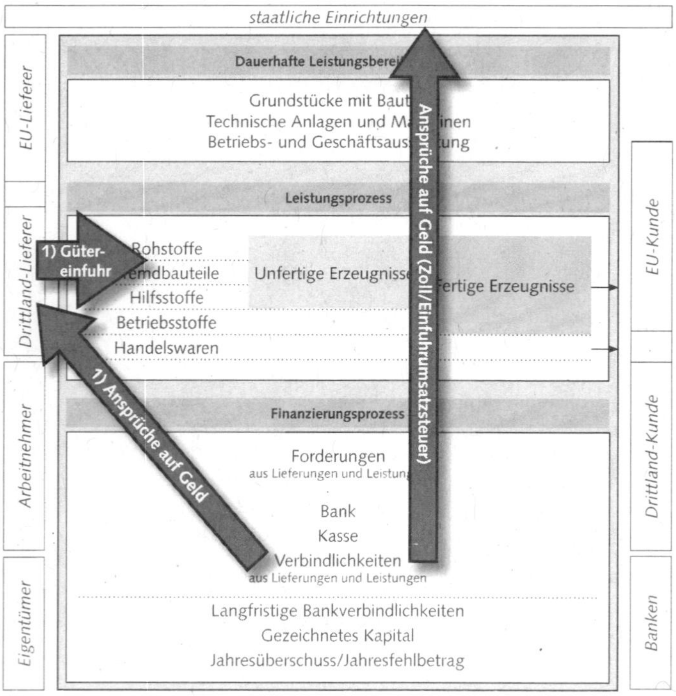

Die Einfuhr von Gütern aus Drittländern unterliegt der Einfuhrumsatzsteuer sowie ggf. dem Zoll.

3. Schritt: Umsetzung in der Buchführung

Die Gütereinfuhr sowie die dafür notwendigen Bezugskosten führen zu einem Wertzugang, der getrennt ausgewiesen wird.

→ SOLL-Buchung auf dem Konto „Gütereinfuhr“ sowie „Bezugskosten“

Gleichzeitig erhöht sich der Bestand an Verbindlichkeiten, da eine Zahlungsverpflichtung gegenüber dem Lieferanten entstanden ist.

→ HABEN-Buchung auf dem Konto „Verbindlichkeiten“

1. Buchung der Gütereinfuhr

Erfassung im Grundbuch

Datum	Beleg-Nr.	Text	Konto-Nr.	Soll	Haben
28.08.20xx	945	Gütereinfuhr		17.000,00	
		Bezugskosten		1.345,00	
		an Verbindlichkeiten			18.345,00

Erfassung im Hauptbuch

S	Gütereinfuhr	H
17.000,00		

S	Verbindlichkeiten (Fa. KoK)	H
		18.345,00

S	Bezugskosten	H
1.345,00		

2. Umbuchung der Bezugskosten

Erfassung im Grundbuch

Datum	Beleg-Nr.	Text	Konto-Nr.	Soll	Haben
28.08.20xx	955	Gütereinfuhr		1.345,00	
		an Bezugskosten			1.345,00

Erfassung im Hauptbuch

S	Gütereinfuhr	H
(17.000,00)		
1.345,00		

S	Bezugskosten	H
(1.345,00)		1.345,00

3. Umbuchung des Wareneinfuhr auf das entsprechende Sachkonto

Erfassung im Grundbuch

Datum	Beleg-Nr.	Text	Konto-Nr.	Soll	Haben
28.08.20xx	956	Rohstoffe		18.345,00	
		an Gütereinfuhr			18.345,00

Erfassung im Hauptbuch

S	Rohstoffe	H
18.345,00		

S	Gütereinfuhr	H
(18.345,00)		18.345,00

Bei einer aufwandsorientierten Buchungsmethode wird das Konto „Rohstoffaufwendungen" statt „Rohstoffe" gewählt.

4. Erfassung des Zolls sowie der Einfuhrumsatzsteuer (Annahmen: 5 % Zoll, Beförderungskosten bis zum ersten Bestimmungsort innerhalb der EU: 470,00 EUR)

Der Zoll ist sowohl für den Einfuhrzoll als auch für die Einfuhrumsatzsteuer zuständig.

Bemessungsgrundlage für den Zoll ist der Warenwert zzgl. Auslandstransport/Verpackungskosten abzgl. Skonto (= Zollwert).

Bemessungsgrundlage für die Einfuhrumsatzsteuer ist der Zollwert zzgl. Zoll, Verbrauchssteuern (z. B. Kaffeesteuer) und die Beförderungskosten bis zum ersten Bestimmungsort innerhalb der EU.

Berechnung:

	Warenwert	17.000,00 EUR	
+	Transportkosten (Auslandsfracht)	1.345,00 EUR	
+	Verpackung	0,00 EUR	
–	Skonto	0,00 EUR	
=	**Zollwert**	**18.345,00 EUR**	
+	Zoll	917,25 EUR	(= 5 % vom Zollwert)
+	Verbrauchssteuern	0,00 EUR	
+	Beförderungskosten (bis zum ersten Bestimmungsort in der EU)	470,00 EUR	
=	**Bemessungsgrundlage für Einfuhrumsatzsteuer**	**19.732,25 EUR**	
	davon 19 %	3.749,13 EUR	(= 19.732,25 EUR / 100 % · 19 %)

Erfassung im Grundbuch

Datum	Beleg-Nr.	Text	Konto-Nr.	Soll	Haben
28.08.20xx	1014	Bezugskosten (Zoll)		917,25	
		Einfuhrumsatzsteuer		3.749,13	
		an Zollverbindlichkeiten			4.666,38

Erfassung im Hauptbuch

S	Bezugskosten	H
917,25		

S	Zollverbindlichkeiten	H
		4.666,38

S	Einfuhrumsatzsteuer	H
3.749,13		

Sofern die Zölle bzw. Bezugskosten auf einem separaten Konto erfasst werden, müssen diese ggf. auf das Konto „Gütereinfuhr“ umgebucht werden.

Die Erfassung der Zölle bzw. Bezugskosten kann direkt auf dem Konto „Gütereinfuhr“ erfolgen.

B. Warenausfuhr

1. Schritt: Beleg und Geschäftsvorfall

An einen Kunden in der Schweiz wurden Fertigprodukte geliefert. Es wurde mit dem Kunden vorab eine Rechnungsstellung und Zahlung in Euro vereinbart. Eine Ausfuhrbescheinigung liegt vor.

Keramik-Fabrik Hamburg AG

Kernbrook 12 | 20011 Hamburg

KAFAHA AG · Kernbrook 12 · 20011 Hamburg
Schweizer Baukeramik
Gerhard Ursmann
Lerchenfeld 17
CH-8047 Zürich

Ihr Zeichen: Ursmann
Ihre Nachricht vom: 04.04.20..
Unser Zeichen:
Unsere Nachricht vom:

Name: Lutz Christian Bruckner
Telefon: 040 17000-10
Fax: 040 17000-111
E-Mail: bruckner@kafaha.de

Datum: 20..-04-18

Rechnungsnummer 97812546-Baukeramik-023

KOPIE

Sehr geehrter Herr Ursmann,

vereinbarungsgemäß stellen wir Ihnen folgende Positionen in Rechnung:

Lfd. Nr.	Art.-Nr.	Beschreibung	Einzel-preis	Anzahl	Mengen-einheit	Lieferdatum	Summe
1	9767734	Design-Badewanne BC-180	392,00 €	100	Stück	15.04.20xx	39.200,00 €
						SUMME	39.200,00 €
						Zzgl. 19 % MwSt.	0,00 €
						Rechnungsbetrag	**39.200,00 €**

Bitte überweisen Sie den Rechnungsbetrag auf das unten angegebene Konto.

Zahlungsbedingung: 30 Tage netto

Mit freundlichen Grüßen
KAFAHA AG

i. V. Lutz Christian Bruckner
Lutz Christian Bruckner

Verkaufsleitung Central Europe

Keramik-Fabrik Hamburg AG
Kernbrook 12
20011 Hamburg

Vorstand: Jürgen Papol (Vorsitzender)
Dr. Wiebke Kernmann, Josef de Loy
HRB 59405 Amtsgericht Hamburg
USt.-IdNr. DE896735679

Bankverbindung Hamburgbank AG
IBAN DE12 2007 5001 0027 3675 00
BIC HMGBDEF2K12

2. Schritt: Modell

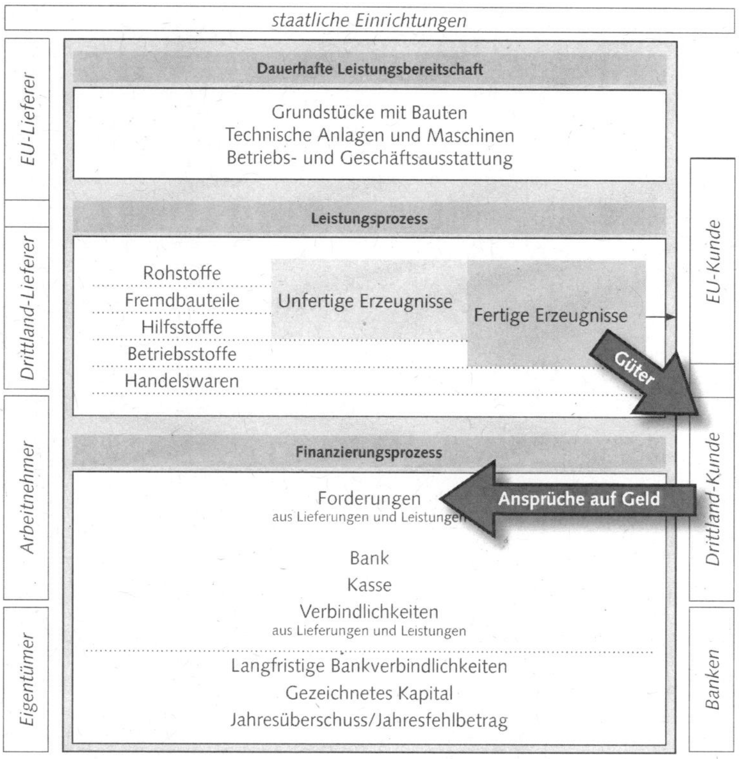

Die Ausfuhr von Gütern in Drittländer einschließlich aller Nebenkosten ist umsatzsteuerfrei. Hierzu ist in der Regel ein Nachweis in Form einer Ausfuhrbescheinigung erforderlich.

3. Schritt: Umsetzung in der Buchführung

Die Lieferung und Rechnungsstellung der Fertigprodukte führt zu einer Erhöhung des Forderungsbestandes.

→ SOLL-Buchung auf dem Konto „Forderungen"

Gleichzeitig liegt ein Erfolgsvorgang vor, der auf dem Konto „Erlöse aus Güterausfuhr" erfasst wird.

→ HABEN-Buchung auf dem Konto „Erlöse aus Güterausfuhr"

Erfassung im Grundbuch

Datum	Beleg-Nr.	Text	Konto-Nr.	Soll	Haben
27.09.20xx	2123	Forderungen		39.200,00	
		an Erlöse aus Güterausfuhr			39.200,00

Erfassung im Hauptbuch

S	Forderungen (Fa. Baukeramik)	H
39.200,00		

S	Erlöse aus Güterausfuhr	H
		39.200,00

Hier eine Übersicht zu den umsatzsteuerrechtlichen Bedingungen im Außenhandel:

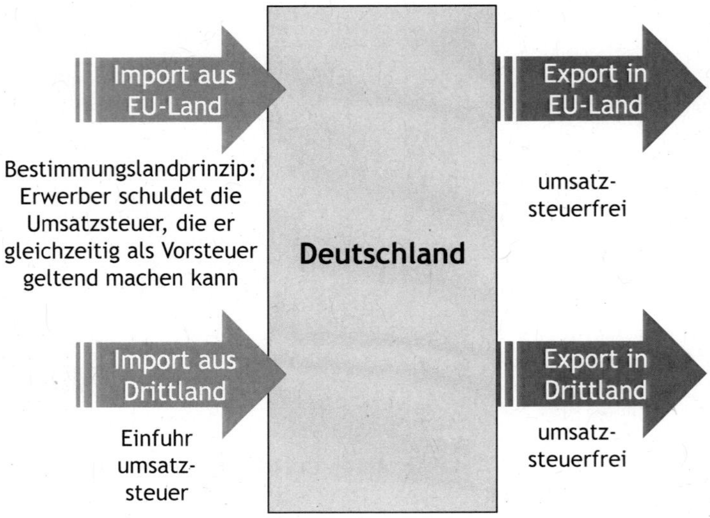

Besonderheiten/Ergänzungen:

1. Rechnung in ausländischer Währung

Teilweise werden die Eingangsrechnungen von Lieferanten in ausländischer Währung ausgestellt. Für die Buchführung ist in diesem Fall vorab eine Umrechnung der Beträge in Euro anhand amtlicher Devisenkurstabellen erforderlich. Durch Kurschwankungen zwischen dem Rechnungseingang und der Zahlung können sich Kursgewinne bzw. Kursverluste ergeben, die auf den Konten „Andere sonstige betriebliche Erträge“ (bei Kursgewinnen) oder „Sonstige Aufwendung“ (bei Kursverlusten) erfasst werden. Im Zusammenhang mit der Abwicklung der Zahlung anfallende Bankgebühren werden auf dem Konto „Kosten des Geldverkehrs“ gebucht.

2. Vorsteuerüberhang in exportorientierten Unternehmen

Da Ausfuhrlieferungen in Drittländer umsatzsteuerfrei sind, können sich in stark exportorientierten Unternehmen Vorsteuerüberhänge ergeben.

1. Aufgabe

Kreuzen Sie an, ob es sich bei den folgenden Ländern um eine innergemeinschaftliche Lieferung bzw. Erwerb oder um eine Ausfuhr/Einfuhr mit einem Drittland handelt.

Beschreibung	Innergemeinschaftliche Lieferung/Erwerb	Ausfuhr/Einfuhr Drittland
Ein deutsches Unternehmen liefert Maschinen in die Schweiz.		
Ein französischer Nahrungsmittelhersteller liefert an einen Kunden in Polen.		
Ein US-amerikanischer Fahrzeughersteller liefert seine Fahrzeuge nach Deutschland.		
Ein deutsches Unternehmen liefert Schalt-schränke an einen chinesischen Kunden.		
Ein deutsches Unternehmen liefert Chemieprodukte an einen spanischen Kunden.		

2. Aufgabe

a) Buchen Sie den folgenden Beleg.

danske maskine A/S

danske maskine a/s, Helmvej 12, DK-7610 Esbjerg

Keramik-Fabrik Hamburg AG
Postfach 1762
D-22088 Hamburg

Helmvej 12
DK-7610 Esbjerg

Telefon: +45 75 16 17 56
Telefax: +45 75 16 17 88

Rechnung

Ihre Bestellung vom:
02.04.20xx

Kunden-Nr.	Rechnungs-Nr.	Rechnungs-/Lieferungsdatum
345912	23467587	20.08.20xx
Bei Zahlung bitte angeben		

Artikel Nr.	Artikel Bezeichnung	Menge	Einzelpreis EUR	Gesamtpreis EUR
061689	Bohrmaschine Typ BHO-120 Ihre USt.-IdNr. DE896735679	2	12.000,00	24.000,00

Warenwert, netto	Verpackung	Fracht	Nettoentgelt	USt	Bruttoentgelt
24.000,00 EUR			24.000,00 EUR	-	24.000,00 EUR

Lieferung: ab Lager
Zahlung: 30 Tage netto

Bankverbindung: Danske Bank A/S BIC/SWIFT: DABADKKK IBAN: DK795449234652

SE-Nr./USt-IdNr.: DK 17 98 65 23

Erfassung im Grundbuch

Datum	Beleg-Nr.	Text	Konto-Nr.	Soll	Haben

b) Buchen Sie die Umsatz- bzw. Vorsteuer.

Erfassung im Grundbuch

Datum	Beleg-Nr.	Text	Konto-Nr.	Soll	Haben

c) Bilden Sie den Buchungssatz zur Umbuchung auf das entsprechende Sachkonto (nur Industriekontenrahmen):

Erfassung im Grundbuch

Datum	Beleg-Nr.	Text	Konto-Nr.	Soll	Haben

3. Aufgabe

Als deutsches Unternehmen liefern wir an einen holländischen Kunden Waren im Gesamtwert von 17.800,00 EUR. Buchen Sie die entsprechende Ausgangsrechnung vom 22.05.20xx.

Erfassung im Grundbuch

Datum	Beleg-Nr.	Text	Konto-Nr.	Soll	Haben

4. Aufgabe

a) Buchen Sie den folgenden Beleg.

KoK Keramikbedarf GmbH

KoK GmbH, Bernweg 108, CH-4046 Basel

Keramik-Fabrik Hamburg AG
Postfach 1762
D-22088 Hamburg

Bernweg 108
CH-4046 Basel

Telefon: +41 (0) 61 69 69 71
Telefax: +41 (0) 61 69 69 72

Rechnung

Ihre Bestellung vom: 10.11.20xx

Kunden-Nr.	Rechnungs-Nr.	Rechnungs-/Lieferungsdatum
75489764	100206899	28.11.20xx
Bei Zahlung bitte angeben		

Artikel Nr.	Artikel Bezeichnung	Menge kg	Einzelpreis EUR	Gesamtpreis EUR
639845	Gefällte Kieselsäure CAS-Nummer : 7631-86-9	500	21,25	10.625,00

Warenwert, netto	Verpackung	Fracht	Nettoentgelt	USt	Bruttoentgelt
10.625,00 EUR	-	980,00 EUR	11.605,00 EUR	-	11.605,00 EUR

Lieferung: ab Werk
Zahlung: 30 Tage netto

Bankverbindung: Credit Suisse AG BIC/SWIFT: CRESCHZZ80A IBAN: CH056 0483 5012 3456 7800 9

Industriekontenrahmen: Es handelt sich um einen Rohstoff.

Kontenrahmen für Groß- und Außenhandel: Es handelt sich um eine Ware.

Erfassung im Grundbuch

Datum	Beleg-Nr.	Text	Konto-Nr.	Soll	Haben

b) Bilden Sie den Buchungssatz zur Umbuchung der Bezugskosten.

Erfassung im Grundbuch

Datum	Beleg-Nr.	Text	Konto-Nr.	Soll	Haben

c) Bilden Sie den Buchungssatz zur Umbuchung der Wareneinfuhr auf das entsprechende Sachkonto (nur Industriekontenrahmen).

Erfassung im Grundbuch

Datum	Beleg-Nr.	Text	Konto-Nr.	Soll	Haben

d) Für die Lieferung fällt Zoll in Höhe von 800,00 EUR sowie die Einfuhrumsatzsteuer in Höhe von 19 % an.

Erfassung im Grundbuch

Datum	Beleg-Nr.	Text	Konto-Nr.	Soll	Haben

5. Aufgabe

Buchen Sie den folgenden Beleg.

Keramik-Fabrik Hamburg AG

Kernbrook 12 | 20011 Hamburg

KAFAHA AG · Kernbrook 12 · 20011 Hamburg
Schweizer Baukeramik
Gerhard Ursmann
Lerchenfeld 17
CH-8047 Zürich

Ihr Zeichen: Ursmann
Ihre Nachricht vom: 06.02.20..
Unser Zeichen:
Unsere Nachricht vom:

Name: Lutz Christian Bruckner
Telefon: 040 17000-10
Fax: 040 17000-111
E-Mail: bruckner@kafaha.de

Datum: 20..-02-20

Rechnungsnummer 97812546-Baukeramik-017

KOPIE

Sehr geehrter Herr Ursmann,

vereinbarungsgemäß stellen wir Ihnen folgende Positionen in Rechnung:

Lfd. Nr.	Art.-Nr.	Beschreibung	Einzel-preis	Anzahl	Mengen-einheit	Lieferdatum	Summe
1	9767734	Design-Badewanne BC-180	392,00 €	60	Stück	15.02.20xx	23.520,00 €
						SUMME	23.520,00 €
						Zzgl. 19 % MwSt.	0,00 €
						Rechnungsbetrag	**23.520,00 €**

Bitte überweisen Sie den Rechnungsbetrag auf das unten angegebene Konto.

Zahlungsbedingung: 30 Tage netto

Mit freundlichen Grüßen
KAFAHA AG

i. V. Lutz Christian Bruckner
Lutz Christian Bruckner

Verkaufsleitung Central Europe

Erfassung im Grundbuch

Datum	Beleg-Nr.	Text	Konto-Nr.	Soll	Haben

4 Buchungen im Anlagenbereich

Notizen

4 Buchungen im Anlagenbereich

4.1 Anschaffung von Anlagegegenständen

1. Schritt: Beleg und Geschäftsvorfall

Das Unternehmen schafft eine neue Maschine im Wert von 1.200,00 EUR an. Die Maschine wurde bereits angeliefert und in Betrieb genommen. Bei der Maschine lag folgende Rechnung, die sofort vereinbarungsgemäß beim Fahrer bar bezahlt wurde:

Koch Maschinen GmbH

Betrag dankend erhalten
Datum: 18.11.20xx
Unterschrift: i. A. Huntemöller

Koch Maschinen GmbH, Belmstr- 23, 21478 Mückensen

Keramik-Fabrik Hamburg AG
Postfach 1762
22088 Hamburg

Belmstr. 23
14566 Mückensen

Telefon: 0487 15772
Telefax: 0487 15778

Rechnung

Ihre Bestellung vom: 10.11.20xx

Kunden-Nr.	Rechnungs-Nr.	Rechnungs-/Lieferungsdatum
1725	5486	18.11.20xx
Bei Zahlung bitte angeben		

Artikel Nr.	Artikel Bezeichnung	Menge	Einzelpreis EUR	Gesamtpreis EUR
568164	Rührmaschine	1	1.200,00	1.200,00

Warenwert, netto	Verpackung	Fracht	Nettoentgelt	19 % USt	Bruttoentgelt
1.200,00 EUR			**1.200,00 EUR**	**228,00 EUR**	**1.428,00 EUR**

Lieferung: ab Lager
Zahlung: 30 Tage netto
Bankverbindung: Muster-Bank IBAN DE8003033100001745612 BIC MUBADEMUE33
Steuernummer: 41/712/01980 **USt-IDNr.:** DE173435234

2. Schritt: Modell

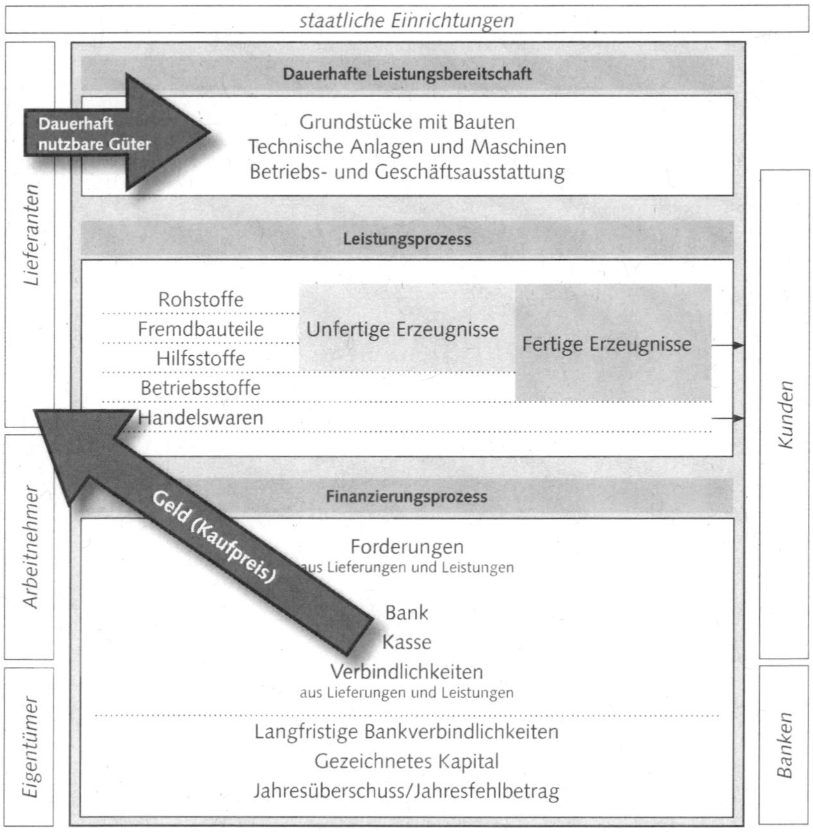

Ein Lieferant hat einen dauerhaft nutzbaren Gegenstand geliefert (Rührmaschine), wobei gleichzeitig der Kaufpreis direkt bar bezahlt wurde.

3. Schritt: Umsetzung in der Buchführung

Durch die Anlieferung der Maschine kommt es zu einen Wertzugang bei Maschinen.

→ SOLL-Buchung auf dem Konto „Technische Anlagen und Maschinen“

Zudem wird die Umsatzsteuer durch den Lieferanten in Rechnung gestellt. Damit erhalten wir einen Rechtsanspruch auf Erstattung vom Finanzamt.

→ SOLL-Buchung auf dem Konto „Vorsteuer (19%)“

Durch die Barzahlung ergibt sich eine gleichzeitige Verringerung des Kassenbestandes.

→ HABEN-Buchung auf dem Konto „Kasse“

Rechnungswesen · Basiswissen 48

Frage

Was sind Ertragskonten und wie wird auf diesen gebucht?

Jürgen Utrata

Rechnungswesen · Basiswissen 94

Frage

Was sind die Anschaffungsnebenkosten eines Anlagegutes?

Jürgen Utrata

Rechnungswesen · Basiswissen 101

Frage

Wie wirkt sich der Verkauf eines Anlagegutes auf den Gewinn aus, wenn der Nettoverkaufspreis geringer als der Buchwert ist?

Jürgen Utrata

Rechnungswesen · Basiswissen 119

Frage

Was versteht man unter linearer Abschreibung?

Jürgen Utrata

Rechnungswesen · Basiswissen 126

Frage

Inwiefern lässt sich zwischen der linearen und der degressiven Abschreibungsmethode bei der Abschreibung desselben Anlagegutes hin- und herwechseln?

Jürgen Utrata

Rechnungswesen · Basiswissen 133

Frage

In welche 3 Arten von GWG werden diese steuerrechtlich nach der Höhe ihrer Nettoanschaffungskosten her unterschieden und welche Abschreibungsmöglichkeiten kommen jeweils in Frage?

Jürgen Utrata

Antwort

101

Ist der Nettoverkaufspreis geringer als der Buchwert, mindert sich der Gewinn. Der Buchwert wird über Abschreibungen ausgebucht, da das verkaufte Anlagegut nicht mehr zum Betrieb gehört. Diesem Abgang aus Anlagevermögen (AV) ist der geringere Nettoverkaufspreis als außerordentlicher Ertrag gegenüberzustellen. Bei geringerem Ertrag als Aufwand wird somit der Gewinn in der GuV gemindert.

Antwort

94

Die Anschaffungsnebenkosten sind alle Aufwendungen, die bei der Anschaffung eines Anlagegutes neben dem Anschaffungspreis gleichzeitig oder nachträglich anfallen. Sie werden ebenfalls aktiviert, also beim Vermögen erfasst. Die Vorsteuer (VSt.) fließt nicht mit ein, da sie einen durchlaufenden Posten darstellt.

Antwort

48

Ertragskonten sind als Erfolgskonten Unterkonten des EK-Kontos. Die Erträge werden auf der Habenseite des Ertragskontos gebucht, da sie zu einer Mehrung des EK führen.

Antwort

133

- **Nettoanschaffungskosten bis zu 250,00 €:** Wahl zwischen Sofortabschreibung und Abschreibung nach gewöhnlicher Nutzungsdauer
- **Nettoanschaffungskosten von 250,01 € bis zu 800,00 €:** Wahl zwischen Sofortabschreibung oder Abschreibung nach gewöhnlicher Nutzungsdauer oder Abschreibung über 5 Jahre (20 %) über Sammelposten
- **Nettoanschaffungskosten von 800,01 € bis zu 1.000,00 €:** Wahl zwischen Abschreibung nach gewöhnlicher Nutzungsdauer oder Abschreibung über 5 Jahre (20 %) über Sammelposten

Antwort

126

Sofern die degressive Abschreibung gesetzlich zulässig ist, lässt sich (einmalig) nur von der degressiven zur linearen Abschreibung wechseln, jedoch nicht umgekehrt.

Antwort

119

Die lineare Abschreibung ist eine der 3 Formen der planmäßigen Abschreibung. Sie erfolgt durch einen gleichbleibenden Prozentsatz der Anschaffungs- bzw. Herstellungskosten des Anlagegutes über die gesamte Nutzungsdauer in Jahren. Am Ende der geplanten Nutzungsdauer ist das Anlagegut vollständig abgeschrieben.

<u>Arbeitsschritte:</u>

1. Eintragung ins Grundbuch

Datum	Beleg-Nr.	Text	Konto-Nr.	Soll	Haben
18.11.20xx	530	Technische Anlagen und Maschinen		1.200,00	
		Vorsteuer (19 %)		228,00	
		an Kasse			1.428,00

2. Erfassung im Hauptbuch

S	Technische Anlagen und Maschinen	H
1.200,00		

S	Kasse	H
		1.428,00

S	Vorsteuer (19 %)	H
228,00		

Besonderheiten/Ergänzungen:

1. Was gehört alles zum Wert einer gekauften Maschine?

Eingekaufte Vermögensgegenstände sind entsprechend der rechtlichen Vorgaben zum Anschaffungswert zu erfassen. Beim Kauf von Anlagen müssen dabei die Anschaffungsnebenkosten als werterhöhende Bestandteile des Gesamtwertes eines Anlagengegenstandes erfasst werden (vgl. §§ 253 und 255 HGB).

Zu den Anschaffungsnebenkosten gehören dabei alle Ausgaben, die bis zur Betriebsbereitschaft der Anlage anfallen. Das können z. B. sein: Transportkosten, Transportversicherungen, Überführungskosten, Zulassungsgebühren, Fundamentierungskosten, Aufstellungskosten, Einrichtungskosten, Installations- und Anschlusskosten, Notariats- und Gerichtskosten, Maklerkosten u. ä. Diese Kosten werden als Werterhöhung auf dem betreffenden Anlagekonto mit erfasst.

Beispiel: Verlangt die Spedition für die Anlieferung der Rührmaschine eine Zahlung in Höhe von 150,00 EUR in bar, so muss dieser Wert dem Anschaffungspreis der Maschine zugerechnet werden. Dieses wird durch folgende Buchung erreicht:

Datum	Beleg-Nr.	Text	Konto-Nr.	Soll	Haben
18.11.20xx	531	Technische Anlagen und Maschinen		150,00	
		an Kasse			150,00

Gegenstände, „die bestimmt sind, dauernd dem Geschäftsbetrieb zu dienen“, sind als Anlagevermögen in der Bilanz auszuweisen (vgl. HGB § 247).

Die Konten für die verschiedenen Gegenstände des Anlagevermögens finden Sie in den Kontenrahmen nach dem Prozessgliederungsprinzip (z. B. GrKR) in der Kontenklasse 0 (Anlage- und Kapitalkonten), in den Kontenrahmen nach dem Abschlussgliederungsprinzip (z. B. IKR) in den Kontenklassen 0 und 1 (Anlagevermögen).

Ausgaben, die der Finanzierung der Anschaffung einer Anlage dienen, sind keine Anschaffungsnebenkosten.

Alle nachträglich gewährten Abzüge wie Preisnachlässe und Skonti sind als Anschaffungspreisminderungen vom Anschaffungswert abzusetzen (vgl. HGB § 255). Sie werden direkt dem betreffenden Anlagenkonto gutgeschrieben und verringern damit den Wert des Gegenstandes.

Hier eine Übersicht:

S „Anlagegegenstand"	**H**
Anschaffungspreis	Anschaffungspreisminderungen
Anschaffungsnebenkosten	
Nachträgliche Anschaffungskosten	

2. Wie müssen Anzahlungen erfasst werden, die auf Maschinen geleistet worden sind?

Anzahlungen auf Anlagen werden auf einem eigenen Konto „Geleistete Anzahlungen auf Anlagen" erfasst, und zwar i. d. R. jeweils in der Kontengruppe, in der das Anlagegut gebucht wird, für das die Anzahlung geleistet wurde. Sie wird bei Lieferung der Anlage „ausgebucht".

3. Welchen Wert haben Anlagen, die noch nicht fertig gebaut sind?

Anlagen, die noch nicht fertig gestellt sind, gehören bereits zum Anlagevermögen, das in der Bilanz ausgewiesen werden muss. Diese werden daher auf besonderen Konten „Im Bau befindliche Anlagen"/ „Anlagen im Bau" in der entsprechenden Kontenklasse erfasst, und zwar i. d. R. jeweils in der Kontengruppe, in der das Anlagegut nach Fertigstellung erfasst wird.

Laufende Ausgaben für im Bau befindliche Anlagen erhöhen ständig den Wert der noch nicht fertig gestellten Anlagen. Die meisten Kontenrahmen sehen vor, dass diese Ausgaben direkt als Wertzuwächse auf den Konten „Anlagen im Bau" gebucht werden.

Wegen der möglicherweise sehr großen Zahl von Buchungen u. U. kleiner und kleinster Beträge, die während der Bauzeit für die Erstellung der Anlage ausgegeben werden, ist es jedoch nicht unbedingt sinnvoll, die Ausgaben für im Bau befindliche Anlagen jedes Mal als Zugang auf dem Anlagenkonto zu buchen. Anlagenkonten sind im Grunde genommen „ruhende Konten", auf denen eigentlich nur endgültige Veränderungen des Bestandes bzw. Wertes von Anlagen erfasst werden. Deshalb sehen einige Kontenrahmen vor, dass diese Ausgaben zunächst als aktivierungspflichtige Aufwendungen auf einem Aufwandskonto (Abgrenzungskonto) gesammelt werden. Erst am Ende der Abrechnungsperiode bzw. bei Fertigstellung der Anlage werden die bis dahin auf diesem Konto aufgelaufenen Ausgaben in einer Summe auf das betreffende Anlagenkonto in der entsprechenden Kontenklasse umgebucht.

4. Was gehört eigentlich alles zum Wert einer selbst gebauten Maschine?

Anlagen, die nicht gekauft, sondern vom Betrieb mit eigenem Personal und/oder eigenem Material erstellt wurden, gehören selbstverständlich auch als Anlagevermögen in die Bilanz. Selbst erstellte Anlagen werden auf den gleichen Konten erfasst, auf denen die entsprechenden gekauften Anlagen gebucht werden. Der anzusetzende Wert richtet sich nach den Herstellungskosten. „Herstellungskosten sind die Aufwendungen, die durch den Verbrauch von Gütern und die Inanspruchnahme von Diensten für die Herstellung eines Vermögensgegenstandes ... entstehen" (vgl. HGB § 255).

Nach HGB dürfen (nicht müssen) angemessene Teile der notwendigen Material- und Fertigungsgemeinkosten eingerechnet werden; anteilige Verwaltungs- und Sozialkosten brauchen nicht (können aber) eingerechnet zu werden. Vertriebskosten dürfen auf keinen Fall einbezogen werden. Nach diesen Bestimmungen haben die Unternehmen einen gewissen Spielraum für den Wertansatz der selbst erstellten Anlagen. Untere Wertgrenze nach Handelsrecht ist die Summe der Einzelkosten der Herstellung (Materialeinzelkosten, Fertigungseinzelkosten und Sondereinzelkosten der Fertigung).

Steuerrechtlich müssen neben den Einzelkosten auch die Material- und Fertigungsgemeinkosten in die Herstellkosten einbezogen werden. Steuerliche Wertuntergrenze ist demnach der Betrag der Herstellungskosten ohne anteilige Verwaltungskosten entsprechend dem Schema der Zuschlagskalkulation für Industriebetriebe:

  Materialeinzelkosten
\+ Materialgemeinkosten
= Materialkosten (1)

  Fertigungseinzelkosten
\+ Sondereinzelkosten der Fertigung
\+ Fertigungsgemeinkosten
= Fertigungskosten (2)

Materialkosten (1) + Fertigungskosten (2) = Herstellungskosten

Die Herstellung von Anlagen im bzw. durch den eigenen Betrieb stellt eine Leistung des Betriebes dar: Es wird durch die Leistung des Betriebes zusätzliches Vermögen geschaffen.

Diese Leistung wird bei der Aktivierung der selbst erstellten Anlagen als Gegenbuchung auf dem Konto „Eigenleistungen" in der Kontenklasse für Leistungen bzw. Erträge gutgeschrieben.

5. Welche Wirkungen ergeben sich, wenn die Maschinen gewartet bzw. repariert werden?

Ausgaben für Wartung und Reparaturen von Anlagen zur Erhaltung oder Wiederherstellung der Betriebsbereitschaft berühren die Anlagekonten **nicht.** Aufwendungen für die laufende Instandhaltung und für die Instandsetzung gehören zum Erhaltungsaufwand, der auf den entsprechenden Konten für die Instandhaltung von Maschinen, Fahrzeugen und Betriebs- und Geschäftsausstattungen erfasst wird.

Ausnahme: Führen „Reparaturen" dagegen zu einer wesentlichen über seinen ursprünglichen Zustand hinausgehenden Verbesserung und damit zu einer meistens erheblichen Erhöhung des Wertes eines Anlagegutes, so sind die Ausgaben hierfür zu aktivieren.

4.2 Erfassung des Wertverlustes bei Anlagegegenständen

1. Schritt: Beleg und Geschäftsvorfall

In der Anlagenbuchführung findet sich folgender Beleg zu einer Hydraulikpresse:

Inventar- und Bilanzposition: Technische Anlagen und Maschinen		Menge: 1	**Anlagen-Karte Nr. 2324**
Bezeichnung: **Hydraulikpresse H15**			Keramik-Fabrik Hamburg AG Kernbrook 12 20011 Hamburg
Standort: Presswerk		Lieferant: Hydraulik Bars	
Zugangsdatum: 14.01.20XX	Anschaffungswert: 68.520,00 €		
Nutzungsdauer: 16 Jahre	Abschreibungsverfahren: linear		regulärer Abschreibungssatz: 6,25 %

Buchungsdatum	Beleg-Nr.	Buchungstext	±	Betrag in €	Restwert in €
14.01.20XX	434	Kaufpreis inkl. Fracht/Testlauf	+	68.520,00	
31.12.20X1	8467	Absetzung für Abnutzung	-	4.282,50	64.237,50
31.12.20X2	8643	Absetzung für Abnutzung	-	4.282,50	59.955,00
31.12.20X3	9346	Absetzung für Abnutzung	-	4.282,50	55.672,50

Aus dieser Anlagenkarte wird deutlich, dass die Maschine am 14.01.20XX angeschafft wurde und jährlich einem Wertverlust/Absetzung für Abnutzung unterliegt.

Es soll die Buchung des Wertverlustes zum 31.12.20X3 erfolgen.

2. Schritt: Modell

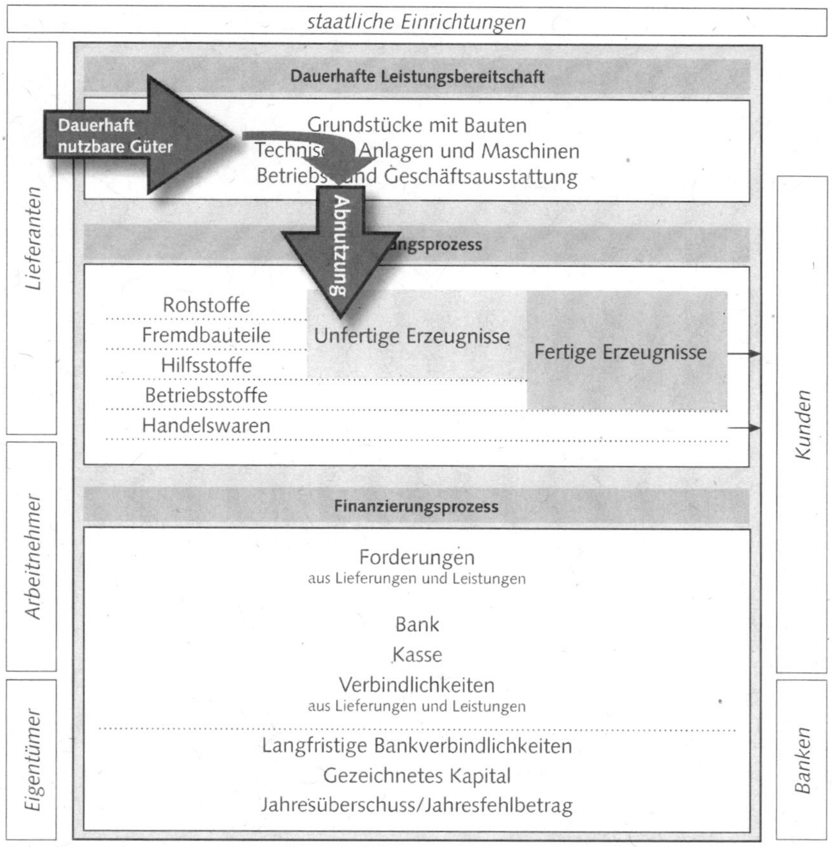

Anlagegegenstände sind Güter, die für das Unternehmen dauerhaft nutzbar sind. Im vorliegenden Fall gibt die Hydraulikpresse über ihre Nutzungsdauer hinweg Leistungen im Rahmen des betrieblichen Leistungsprozesses ab. Dabei unterliegt diese Maschine einer Abnutzung, z. B. wegen des technischen Verschleißes. Ihr Wert verringert sich damit stetig im Laufe der Nutzungszeit.

Einige Anlagegegenstände unterliegen indes **keiner** Abnutzung, wie z. B. Grundstücke oder immaterielle Anlagegegenstände (Bsp.: Software, Beteiligungen an anderen Unternehmen).

Die buchmäßige Erfassung der Wertminderungen erfolgt durch die Erfassung von Abschreibungen.

3. Schritt: Umsetzung in der Buchführung

Die Nutzung der Maschine im Leistungsprozess stellt einen Wertabgang und damit einen Aufwand dar.

→ SOLL-Buchung auf dem Konto „Abschreibungen“

Gleichzeitig erfolgt ein Wertabgang beim Wert der Maschine, der direkt auf dem Konto „Technische Anlagen und Maschinen“ erfasst wird.

→ HABEN-Buchung auf dem Konto „Technische Anlagen und Maschinen“

1. Eintragung ins Grundbuch

Datum	Beleg-Nr.	Text	Konto-Nr.	Soll	Haben
31.12.20xx	5742	Abschreibungen		4.282,50	
		an Technische Anlagen und Maschinen			4.282,50

2. Erfassung im Hauptbuch

S	Technische Anlagen und Maschinen		H
Anfangsbestand	59.955,00	Abschreibung	4.282,50

S	Abschreibungen		H
	4.282,50		

Dabei wird die Wertminderung direkt auf der HABEN-Seite des Anlagenkontos als Wertabgang erfasst.

Der Betrag des Wertverlustes wird beim Saldieren des Anlagenkontos vom Anfangswert des Gegenstandes abgezogen, sodass ein Restbuchwert ermittelt werden kann. Dieser Wert wird schließlich beim Jahresabschluss in der Schlussbilanz ausgewiesen.

Die voraussichtliche **Nutzungsdauer von Anlagen** wird bereits vor der Inbetriebnahme eingeschätzt, entweder in Nutzungsjahren oder in Leistungseinheiten (z. B. gefahrene Kilometer bei Fahrzeugen, Betriebsstunden bei Maschinen). Mit ihrer Hilfe lässt sich für jedes Nutzungsjahr ein bestimmter Abschreibungsbetrag festlegen. Danach wird ein Abschreibungsplan über die gesamte Nutzungszeit einer Anlage erstellen.

Er ist Grundlage für die planmäßige Abschreibung. Wertminderungen außerhalb dieses Abschreibungsplans führen zu außerplanmäßigen Abschreibungen.

Je nach der Berechnungsmethode sind die Abschreibungsbeträge für die planmäßige Abschreibung von Jahr zu Jahr entweder gleichbleibend oder verändern sich.

Dabei lassen sich drei wesentliche Abschreibungsverfahren unterscheiden:

1. die lineare Abschreibung
   - mit jährlich gleichbleibenden Abschreibungsbeträgen

2. die degressive Abschreibung
   - mit von Jahr zu Jahr fallenden Abschreibungsbeträgen

3. die leistungsabhängige Abschreibung
   - mit jährlich schwankenden Abschreibungsbeträgen (je nach der Inanspruchnahme des Gegenstandes)

Da der Abschreibungsaufwand den (zu versteuernden) Gewinn schmälert, gibt es zahlreiche Vorschriften im Steuerrecht, die die Möglichkeiten der Berechnung von Abschreibungen im Zuge der steuerlichen Gewinnermittlung eingrenzen (vgl. EStG § 7). Im Steuerrecht heißen die Abschreibungen „AfA = Absetzung für Abnutzung".

Die leistungsabhängige Abschreibung ist steuerrechtlich nur zulässig bei beweglichen Wirtschaftsgütern, wenn dies wirtschaftlich begründet ist und der Umfang der auf das einzelne Jahr entfallenden Leistung nachgewiesen wird.

Um den Spielraum innerhalb der zulässigen Berechnungsmethoden einzugrenzen, hat die Finanzverwaltung amtliche AfA-Tabellen herausgegeben, aus denen für alle Anlagen die betriebsgewöhnliche Nutzungsdauer und damit der lineare AfA-Satz hervorgehen.

Bei beweglichen Anlagegegenständen (ausgeschlossen sind damit z. B. Grundstücke, Gebäude und immaterielle Vermögensgegenstände) kann die Absetzung für Abnutzung wahlweise in gleichen oder in fallenden Jahresbeträgen (= degressive Abschreibung) bestimmt werden.

Inwieweit die Möglichkeit zur degressiven Abschreibung besteht, hängt dabei vom Zeitpunkt der Anschaffung des Anlagegegenstandes ab:

Anschaffungszeitraum	**Steuerrechtliche Höchstgrenze**
1.1.2001 – 31.12.2005	Höchstens das Zweifache des linearen AfA-Satzes, maximal 20 %
1.1.2006 – 31.12.2007	Höchstens das Dreifache des linearen AfA-Satzes, maximal 30 %
1.1.2008 – 31.12.2008	Keine degressive Abschreibung
1.1.2009 – 31.12.2010	Höchstens das Zweieinhalbfache des linearen AfA-Satzes, maximal 25 %
1.1.2011 – 31.12.2019	Keine degressive Abschreibung
1.1.2020 – 31.12.2022	Höchstens das Zweieinhalbfache des linearen AfA-Satzes, maximal 25 %
1.4.2024 – 31.12.2024	Höchstens das Zweifache des linearen AfA-Satzes, maximal 20 %

Die degressive Abschreibung führt nie auf den Restwert 0; nach Ablauf der Nutzungszeit bleibt immer noch ein Restbetrag übrig. Dieser kann im letzten Jahr auf einmal abgeschrieben werden.

Um den sprunghaften Anstieg des Abschreibungsaufwands im letzten Jahr zu vermeiden, ist es erlaubt, einmal von der degressiven zur linearen Abschreibung zu wechseln. Der Wechsel von der degressiven zur linearen Abschreibung erfolgt am zweckmäßigsten in dem Jahr, in dem der sich ergebende Abschreibungsbetrag nach der linearen Abschreibungsmethode höher ausfällt als nach der degressiven Abschreibung.

Im Jahr der Anschaffung der Anlagen sind die Abschreibungen monatsgenau zu berechnen. Dabei fällt die Abschreibung auch für den Monat der Anschaffung an.

Beispiel: Erfolgt die Anschaffung einer Maschine am 17. Oktober müssen dem Anschaffungsjahr die Abschreibungswerte für die Monate Oktober bis Dezember (= drei Monate) zugeordnet werden.

Auf den letzten Seiten des Lösungsteils finden Sie eine kleine Formelsammlung für die Berechnung von Abschreibungen.

Besonderheiten/Ergänzungen:

1. Wie wird eine Anlage erfasst, die bereits abgeschrieben ist, aber weiterhin im Betrieb eingesetzt wird?

Wird eine Anlage über die geschätzte Nutzungszeit hinaus noch weitergenutzt, ist es üblich, sie noch mit einem Restbuchwert von 1,00 EUR (Erinnerungswert) im Anlagenverzeichnis sowie in der Buchführung weiterzuführen.

2. Wie wird der Wertverlust bei ausscheidenden Anlagegenständen erfasst?

Beim Abgang von Anlagen (z. B. durch Verkauf, Verschrottung, Totalschaden oder Enteignung) werden zunächst die noch vom letzten Bilanzstichtag bis zum Abgangstermin aufgelaufenen Abschreibungen vorgenommen. Dabei wird für jeden abgelaufenen Monat 1/12 der Jahresabschreibung angesetzt. Die beim Abgang noch auf dem Anlagenkonto vorhandenen Werte müssen schließlich vollständig ausgebucht werden.

Tipp:

> Bei der Ermittlung der Anzahl der Monate kommt es häufig zu einfachen „Zählfehlern".
> Sie dürfen ruhig Ihre Finger benutzen…

!

3. Wie wird ein außergewöhnlicher Wertverlust bei Anlagegenständen erfasst?

Durch Schadensfälle, wie z. B. bei Bränden oder Wassereinbruch, kann ein plötzlicher und außergewöhnlicher Wertverlust eintreten. Dieser muss durch folgende Buchungen berücksichtigt werden:

a) Abschreibung für die Zeit vom letzten Bilanzstichtag bis zum Schadensereignis:
Abschreibungen an Anlagenkonto;

b) Ausbuchung der zerstörten Anlage:
Außerordentliche Aufwendungen an Anlagenkonto;

Die Bezeichnungen der zu verwendenden Konten sind in den verschiedenen Kontenrahmen nicht immer gleich. In den Lösungen für den betreffenden Kontenrahmen sind die jeweils zutreffenden Konten berücksichtigt.

4. Sonderabschreibungen

Erhöhte Absetzungen oder Sonderabschreibungen sind zulässig für bestimmte Anlagen, die im Rahmen von staatlich als förderungswürdig angesehenen Maßnahmen angeschafft oder erstellt worden sind, z. B. Schaffung von Wohnraum, Umweltschutz, Förderung kleiner und mittlerer Betriebe usw. Sie spielen aber im Zusammenhang mit der buchungstechnischen Behandlung keine Sonderrolle, sodass auf diese Spezialfälle hier nicht eingegangen wird.

4.3 Erfassung geringwertiger Wirtschaftsgüter

Geringwertige Wirtschaftsgüter mit einem Anschaffungswert **bis zu 250,00 Euro (netto)** sind sofort als Betriebsausgabe absetzbar; d. h. sie können gleich nach der Anschaffung als Aufwand gebucht werden. Es besteht keine Aufzeichnungspflicht im Anlagenverzeichnis.

Geschäftsvorfall: Eingang der Rechnung für einen hochwertigen Bürolocher am 12.07.20xx im Wert von 86,50 EUR zzgl. 19 % Umsatzsteuer.

Datum	Beleg-Nr.	Text	Konto-Nr.	Soll	Haben
12.07.20xx	2445	Büromaterial		86,50	
		Vorsteuer (19 %)		16,44	
		an Verbindlichkeiten			102,94

Geringwertige Wirtschaftsgüter (GWG) mit einem Anschaffungswert **von netto mehr als 250,00 Euro bis zu 800,00 Euro** können sofort als Betriebsausgabe geltend gemacht <u>oder</u> in einen Sammelposten („Abschreibungspool") eingebracht werden. Bei der Bildung eines Sammelpostens bleiben die Nutzungsdauer und das Ausscheiden dieser Güter unberücksichtigt. Der Wert dieses Sammelposten wird über 5 Jahre jährlich mit 20 % abgeschrieben.

Geschäftsvorfall: Eingang der Rechnung für eine Bohrmaschine am 01.08.20xx im Wert von 320,00 EUR zzgl. 19 % Umsatzsteuer.

Datum	Beleg-Nr.	Text	Konto-Nr.	Soll	Haben
01.08.20xx	2212	GWG		320,00	
		Vorsteuer (19 %)		60,80	
		an Verbindlichkeiten			380,80

Annahme zur Entscheidung: Sofortabschreibung der GWG

Datum	Beleg-Nr.	Text	Konto-Nr.	Soll	Haben
01.08.20xx	2213	Abschreibungen auf GWG		320,00	
		an GWG			320,00

Geringwertige Wirtschaftsgüter mit einem Anschaffungswert **von netto mehr als 250,00 Euro bis zu 1.000,00 Euro** werden im Sammelposten erfasst und über 5 Jahre mit jährlich 20 % abgeschrieben.

Zusätzlich ist die Verteilung der Abschreibung über die Nutzungsdauer der einzelnen Gegenstände über alle genannten Wertgrenzen hinweg möglich.

Geschäftsvorfall: Eingang der Rechnung für einen rückenfreundlichen Schreibtischstuhl am 07.09.20xx im Wert von 600,00 EUR zzgl. 19 % Umsatzsteuer.

Datum	Beleg-Nr.	Text	Konto-Nr.	Soll	Haben
07.09.20xx	2562	GWG-Sammelposten Jahr 20xx		600,00	
		Vorsteuer (19 %)		114,00	
		an Verbindlichkeiten			714,00

Abschreibung des Sammelpostens (Annahme: Der Gesamtbestand des Sammelpostens beträgt 20.000,00 EUR. Abschreibungsbetrag: 20.000,00 EUR/5 Jahre = 4.000,00 EUR):

Datum	Beleg-Nr.	Text	Konto-Nr.	Soll	Haben
31.12.20xx	5647	Abschreibungen auf GWG-Sammelposten		4.000,00	
		an GWG-Sammel-posten Jahr 20xx			4.000,00

Grundsätzlich kann jeweils eine zeitanteilige Abschreibung vorgenommen werden.

Hier eine Übersicht über die Vorgaben zur Buchung der Geringwertigen Wirtschaftsgüter:

Nettowert GWG	Optionen
bis 250,00 EUR	Wahlrecht: Sofortabschreibung **oder** zeitanteilige Abschreibung
über 250,00 EUR bis 800,00 EUR	Wahlrecht: Sofortabschreibung **oder** Sammelpostenabschreibung **oder** zeitanteilige Abschreibung
über 250,00 EUR bis 1.000,00 EUR	Wahlrecht: Sammelpostenabschreibung **oder** zeitanteilige Abschreibung

Achtung! Erfolgt bei Wirtschaftsgütern bis 1.000,00 EUR die Bildung eines Sammelpostens, ist für alle anderen in diesem Jahr angeschafften Wirtschaftsgüter nur eine Sofortabschreibung bis zu einem Wert von 150,00 EUR möglich.

Anlagegüter mit einem Anschaffungswert über 1.000,00 Euro gelten als „Langlebige Wirtschaftsgüter". Sie sind über die Nutzungsjahre verteilt abzuschreiben (siehe Kapitel 4.2 Erfassung des Wertverlustes bei Anlagegegenständen). Hierfür müssen die amtlichen AfA-Tabellen zugrunde gelegt werden.

4.4 Erfassung ausscheidender Anlagegegenstände

Anlagegegenstände scheiden aus unterschiedlichen Gründen aus. In der Regel erzielt der Verkäufer dabei einen höheren oder niedrigeren Preis, als dies dem Buchwert entspricht.

Eine beim Verkauf über den Restbuchwert hinausgehende Einnahme ist als Buchgewinn (Veräußerungsgewinn) auf einem Ertragskonto zu erfassen. Wird eine Anlage unter Buchwert veräußert, so entsteht ein Buchverlust (Veräußerungsverlust), der als Aufwand zu buchen ist.

Die Buchung des Buchgewinns bzw. -verlustes kann auf zweierlei Weise erfolgen:

1. Möglichkeit:
Der Abgang des gesamten Restwertes wird als Aufwand erfasst, während der gesamte Verkaufserlös als Ertrag gebucht wird.

2. Möglichkeit:
Es wird nur der Unterschiedsbetrag zwischen Verkaufspreis (netto) und dem Restbuchwert als (außerordentlicher) Aufwand bei Verkauf unter Buchwert bzw. als (außerordentlicher) Ertrag bei Verkauf über Buchwert gebucht.

Achtung!

Denken Sie daran, dass auch ein Verkauf gebrauchter Anlagen ein umsatzsteuerpflichtiger Vorgang ist.

Bei Verschrottung oder Totalschaden eines Anlagengutes ist der gesamte noch in den Büchern erfasste Restwert als (außerordentlicher) Aufwand zu buchen. Ist das Ausscheiden eines Gegenstandes des Anlagevermögens durch höhere Gewalt oder durch behördlichen Eingriff bedingt, so wird – falls versichert – vom Versicherungsunternehmen oder vom Staat eine Entschädigung gezahlt.

Da das Ausscheiden von Anlagegegenständen in der Praxis ein eher seltener Vorgang ist und zudem nur sehr wenig Gegenstand von Prüfungen ist, finden Sie hier eine kurze Übersicht mit einem Zahlenbeispiel zur 1. Buchungsmöglichkeit für den Fall, dass der Nettoverkaufserlös größer als der Restbuchwert ist:

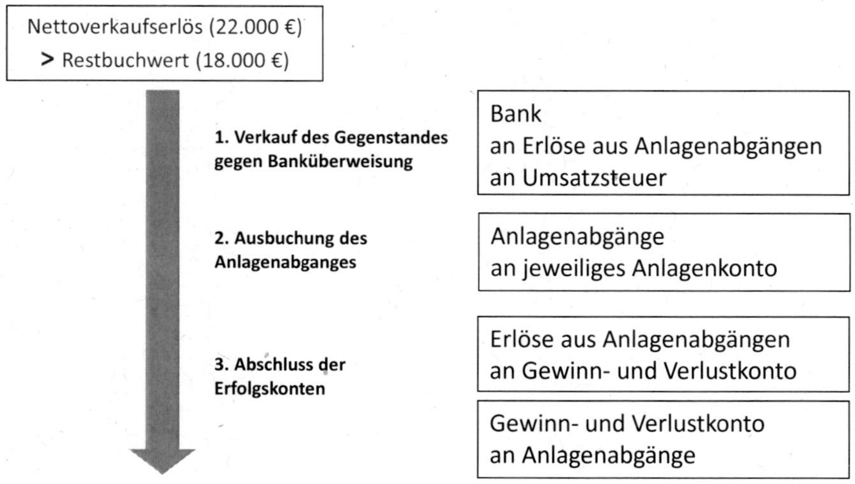

Ergebnis

GuV

SOLL	HABEN
Anlagenabgänge 18.000 €	Verkaufserlös 22.000 €
Gewinn 4.000 €	

„Anlagekonto"

SOLL	HABEN
Restbuchwert 18.000 €	Anlagenabgang 18.000 €

Dabei wird deutlich, dass die Anlagenabgänge letztlich als Aufwand in der Gewinn- und Verlustrechnung gebucht werden, während der Verkaufserlös als Ertrag erfasst wird.

Sofern der Nettoverkaufserlös kleiner als der Restbuchwert ist, bleiben die Buchungen gleich, jedoch entsteht ein „Verlust“:

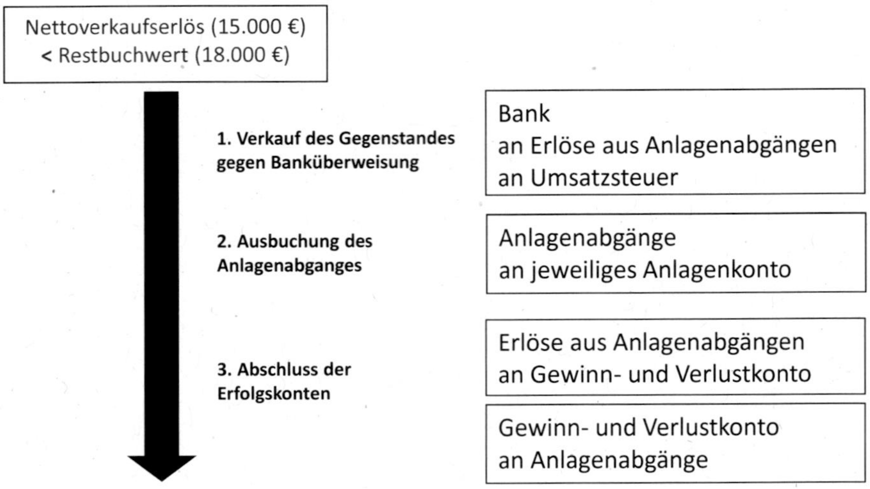

Ergebnis

SOLL — GuV	HABEN
Anlagenabgänge 18.000 €	Verkaufserlös 15.000 €
	Verlust 3.000 €

SOLL — „Anlagekonto“	HABEN
Restbuchwert 18.000 €	Anlagenabgang 18.000 €

Häufig wird ein gebrauchtes Anlagegut bei der Neuanschaffung eines neuen Anlagegutes in Zahlung gegeben. Der Kaufvorgang ist dabei wie bisher zu erfassen, z. B. Fuhrpark und Vorsteuer an Verbindlichkeiten.

Die weiteren Buchungen bleiben im Prinzip wie bei einem Verkaufsvorgang. Der Unterschied besteht darin, dass sich die Verbindlichkeiten für das neue Anlagegut durch die Inzahlungnahme verringern. Hier eine kurze Übersicht mit einem Zahlenbeispiel zur Auswirkung der Inzahlunggabe bei einem Nettowert einer neuen Maschine von 15.000,00 EUR:

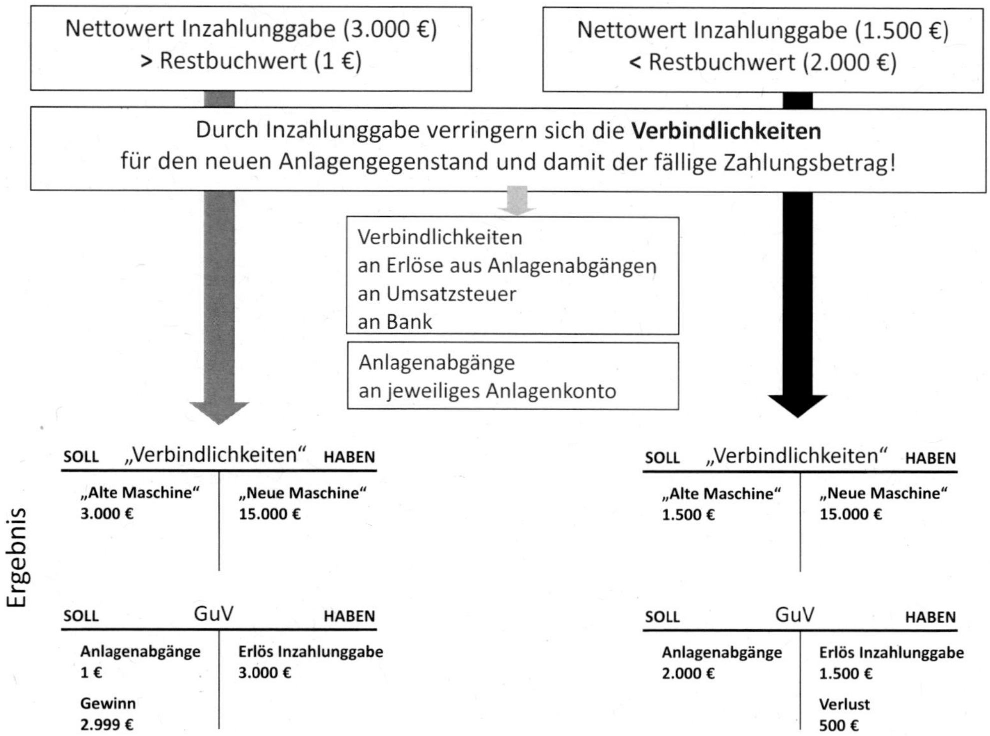

Merke:

- Der Verkauf, die Inzahlunggabe oder Entnahme von Anlagegegenständen ist umsatzsteuerpflichtig! Grundlage für die Berechnung der Umsatzsteuer ist der Nettoverkaufspreis (Ausnahme: Grundstücke und Gebäude sind im Normalfall umsatzsteuerfrei, da hierfür bereits Grunderwerbsteuer anfällt).
- Nicht vergessen: Falls ein Anlagegegenstand während des Jahres ausscheidet, muss eine zeitanteilige Abschreibung bis auf den vollen vorhergehenden Monat vorgenommen werden.

1. Aufgabe

Buchen Sie den folgenden Beleg.

Koch Maschinen GmbH

Koch Maschinen GmbH, Belmstr- 23, 21478 Mückensen

Keramik-Fabrik Hamburg AG
Postfach 1762
22088 Hamburg

Belmstr. 23
14566 Mückensen

Telefon: 0487 15772
Telefax: 0487 15778

Rechnung

Ihre Bestellung vom: 01.03.20xx

Kunden-Nr.	Rechnungs-Nr.	Rechnungs-/Lieferungsdatum
1725	5896	18.03.20xx
Bei Zahlung bitte angeben		

Artikel Nr.	Artikel Bezeichnung	Menge	Einzelpreis EUR	Gesamtpreis EUR
548123	Verpackungsmaschine	1	18.400,00	18.400,00

Warenwert, netto	Verpackung	Fracht	Nettoentgelt	19 % USt	Bruttoentgelt
18.400,00 EUR			18.400,00 EUR	3.496,00 EUR	21.896,00 EUR

Lieferung: ab Lager
Zahlung: 30 Tage netto
Bankverbindung: Muster-Bank IBAN DE8003033100001745612 BIC MUBADEMUE33
Steuernummer: 41/712/01980 **USt-IDNr.:** DE173435234

Eintragung ins Grundbuch

Datum	Beleg-Nr.	Text	Konto-Nr.	Soll	Haben

Erfassung im Hauptbuch

S **H**

S **H**

S **H**

2. Aufgabe

Zu der Maschine aus Aufgabe 1 fallen noch folgende Wertvorgänge an:

- Finanzierungskosten in Höhe von 400,00 EUR
- Rechnung über Transportkosten in Höhe von 268,00 EUR (netto)
- Kosten für die Inbetriebnahme 312,00 EUR (netto)
- Skonto wird in Höhe von 3 % vom Warenwert der Maschine beansprucht
- Nachträglicher Anbau einer Lärmschutzeinrichtung im Netto-Wert von 856,00 EUR

Stellen Sie das Konto „Technische Anlagen und Maschinen" dar und tragen Sie die relevanten Beträge ein:

S	07 bzw. 031 Technische Anlagen und Maschinen	H

3. Aufgabe

Entscheiden Sie, ob es sich bei den folgenden Ausgaben um aktivierungspflichtige Ausgaben handelt!

Tragen Sie die zutreffende Kennziffer in die Kästchen ein:

1 = aktivierungspflichtig, 2 = nicht aktivierungspflichtig!

a) Grunderwerbsteuer	
b) Reparatur einer defekten Maschine	
c) Eingangsfracht für Maschinenlieferung	
d) Generalüberholung einer Kesselanlage, die zu einer erheblichen Wertsteigerung der Anlage führt	
e) Wartungsausgaben für eine Großanlage	
f) Bereitstellungszinsen für einen Baukredit	
g) Handwerkerrechnungen für den Rohbau von Garagen	
h) TÜV-Gebühren für die technische Abnahme einer Anlage	

4. Aufgabe

Die Lieferfirma stellt für die Lieferung einer maschinellen Anlage zur Materiallagerung in Rechnung:

- Nettopreis der Anlage 89.000,00 EUR, Versandkosten 2.500,00 EUR, Kühl- und Schmiermittel 1.650,00 EUR, Montagekosten 8.900,00 EUR, Umsatzsteuer 19 %.
- Eine Baufirma am Ort berechnet für Fundamentierungskosten 4.800,00 EUR + 19 % USt.
- Alle Rechnungen werden unter Abzug von 2 % Skonto durch Banküberweisung beglichen.

a) Kontieren Sie die Eingangsrechnungen!

Rechnung 1)

Konto (Nr.)	SOLL EUR	HABEN EUR

Rechnung 2)

Konto (Nr.)	SOLL EUR	HABEN EUR

b) Buchen Sie in dem Kontierungsschema die Banküberweisungen!

Rechnung 1)

Konto (Nr.)	SOLL EUR	HABEN EUR

Rechnung 2)

Konto (Nr.)	SOLL EUR	HABEN EUR

c) Ermitteln Sie die aktivierungspflichtigen Anschaffungskosten!

5. Aufgabe

Gemäß Kaufvertrag gelten für den Kauf eines LKW folgende Zahlungsbedingungen: 1/3 bei Auftragserteilung, 1/3 nach Lieferung, 1/3 zwei Monate nach Lieferung. Preis des LKW: 258.000,00 EUR netto.

Kontieren Sie

a) die Anzahlung durch Bankscheck,

b) den Eingang der Rechnung bei Lieferung des LKW,

c) die Banküberweisung der 2. und letzten Rate!

Konto (Nr.)	SOLL EUR	HABEN EUR

6. Aufgabe

Kontieren Sie

a) den Zielkauf von 20 Büromaschinen zum Einzelpreis von 1.212,50 EUR abzüglich 15 % Rabatt, zuzüglich 19 % Umsatzsteuer,

b) die Bezahlung der Rechnung unter Abzug von 3 % Skonto durch Banküberweisung,

c) ggf. die Umbuchung, falls die Büromaschinen nach Skontoabzug zu geringwertigen Wirtschaftsgütern werden!

Konto (Nr.)	SOLL EUR	HABEN EUR

7. Aufgabe

Mit dem Bau einer Lagerhalle wurde im April des Vorjahres begonnen. Baukosten bis zum 31.12. des Vorjahres: 128.000,00 EUR. Bis zur Fertigstellung im Mai des laufenden Jahres wurden noch 58.400,00 EUR für Fremdlieferungen und -leistungen aufgewendet; der Wert der Eigenleistungen wurde mit 46.800,00 EUR ermittelt.

Kontieren Sie die Fertigstellung der Halle!

Konto (Nr.)	SOLL EUR	HABEN EUR

8. Aufgabe

Bilden Sie die Buchungssätze zu folgenden Geschäftsfällen:

a) Eingangsrechnungen für diverse Baumaterialien für den Bau von Lagereinrichtungen

b) Fertigstellung einer ausschließlich mit eigenem Material und Personal hergestellten Betriebsausstattung

c) Barzahlung von Handwerkerleistungen im Rahmen einer werterhöhenden Generalüberholung einer Transportanlage

d) Barzahlung der Speditionsrechnung bei Anlieferung von Büromöbeln

e) Abbuchung der Grundsteuer für das Betriebsgrundstück

9. Aufgabe

Erstellen Sie die Abschreibungspläne für die gesamte Nutzungszeit (mit Abschreibungsbeträgen und Restwerten) für eine Anlage mit einem Anschaffungswert von 407.110,00 EUR und einer Nutzungsdauer von 10 Jahren.

a) bei linearer Abschreibung

b) bei degressiver Abschreibung mit einem AfA-Satz von 20 %

10. Aufgabe

Erstellen Sie die Abschreibungspläne für die gesamte Nutzungszeit (mit Abschreibungsbeträgen und Restwerten) für die gleiche Anlage wie bei Aufgabe 9! Die Anlage soll jedoch nur – bei linearer Abschreibung – auf den Schrottwert von 30.800,00 EUR abgeschrieben werden.

11. Aufgabe

Bilden Sie die Buchungssätze zu folgenden Geschäftsvorfällen:

a) Abschreibung auf Geschäftsausstattung

b) Außerplanmäßige Abschreibung auf Grundstücke

c) Abschreibung der geringwertigen Wirtschaftsgüter des Sammelpools

d) Zuschreibung auf Grundstücke

12. Aufgabe

Kontieren Sie den Verkauf eines gebrauchten PKW, der noch mit 2.400,00 EUR zu Buche steht, zum Preis von 4.000,00 EUR zuzüglich 19 % USt gegen Verrechnungsscheck!

Konto (Nr.)	SOLL EUR	HABEN EUR

13. Aufgabe

Im Unternehmen wurde am 12.01.20xx für 12.000,00 EUR zzgl. 19% Umsatzsteuer eine Maschine angeschafft.

a) Stellen Sie in der Tabelle den Abschreibungsverlauf bei einer degressiver Abschreibung mit 25 % für die ersten 3 Jahre dar.

Ermittlung der Restbuchwerte	**Degressive AfA**
Anschaffungswert	
– AfA 1. Jahr	
= Restbuchwert Ende 1. Jahr	
– AfA 2. Jahr	
= Restbuchwert Ende 2. Jahr	
– AfA 3. Jahr	
= Restbuchwert Ende 3. Jahr	

b) Bilden Sie die Buchungssätze am Ende des ersten Geschäftsjahres für die Abschreibungen und geben Sie zusätzlich den Abschlussbuchungssatz für das Abschreibungskonto an.

Datum	**Beleg-Nr.**	**Text**	**Konto-Nr.**	**Soll**	**Haben**
	XXX				
	XXX				

14. Aufgabe

Der Betrieb schafft eine neue Maschine für 44.000,00 EUR zzgl. 19 % USt. an. Die Maschine hat eine gesamte Nutzungsdauer von insgesamt 5.000 Betriebsstunden.

Betriebsstunden im Jahr 01 lt. Betriebsstundenzähler: 650 Stunden
Betriebsstunden im Jahr 02 lt. Betriebsstundenzähler: 720 Stunden.

Bestimmen Sie für diese Maschine die Abschreibungsbeträge für die ersten 2 Jahre und verwenden Sie hierzu die Abschreibung nach Leistungseinheiten.

15. Aufgabe

Buchen Sie den Verkauf einer Maschine. Hierzu liegen Ihnen folgende Informationen vor:

Buchwert 25.000,00 EUR; Verkaufserlös 28.000,00 EUR zzgl. 19 % USt.; der Käufer zahlt per Bankscheck.

a) Buchen Sie den Verkaufserlös im Grundbuch

b) Nehmen Sie die Ausbuchung des Buchwertes und den Ausweis des Ertrages aus dem Anlageverkauf im Grundbuch vor.

Datum	Beleg-Nr.	Text	Konto-Nr.	Soll	Haben
	a)				
	b)				

16. Aufgabe

Es wird ein gebrauchtes Betriebsfahrzeug (Restbuchwert: 2.200,00 EUR) an einen Gebrauchtwagenhändler für 1.900,00 EUR zzgl. 19 % Umsatzsteuer gegen Barzahlung verkauft.

a) Buchen Sie den Verkaufserlös im Grundbuch.

b) Nehmen Sie die Ausbuchung des Buchwertes und den Ausweis des Aufwandes aus dem Fahrzeugverkauf im Grundbuch vor.

Datum	Beleg-Nr.	Text	Konto-Nr.	Soll	Haben
	a)				
	b)				

17. Aufgabe

Im Zusammenhang mit der Neuanschaffung eines Gabelstaplers auf Ziel mit einem Kaufpreis von 40.000,00 EUR zzgl. 19 % USt. wird ein gebrauchter Gabelstapler in Zahlung gegeben. Dieser alte Gabelstapler wurde auf einen Wert von 2.000,00 EUR abgeschrieben.

Er wird für 3.000,00 EUR zzgl. 19 % USt. in Zahlung gegeben. Die verbleibende Restschuld wird per Banküberweisung beglichen.

a) Buchung der Anschaffung des neuen Gabelstaplers im Grundbuch.

b) Buchung der Inzahlunggabe des alten Gabelstaplers im Grundbuch.

c) Ausbuchung des Buchwertes des alten Gabelstaplers im Grundbuch.

d) Buchung der Begleichung der Restschuld im Grundbuch.

Datum	Beleg-Nr.	Text	Konto-Nr.	Soll	Haben
	a)				
	b)				
	c)				
	d)				

Notizen

Lösungsteil

Lösungen nach dem Industriekontenrahmen
und Großhandelskontenrahmen

Notizen

1 Buchungen im Beschaffungsbereich

Notizen

1 Buchungen im Beschaffungsbereich

1.1 Einkauf von Materialien und Handelswaren

Zur 1. Aufgabe

a) IKR:

Eintragung ins Grundbuch

Datum	Beleg-Nr.	Text	Konto-Nr.	Soll	Haben
06.12.20xx	xxx	Rohstoffe	200	1.700,00	
		Vorsteuer (19 %)	260	323,00	
		an Verbindlichkeiten (Fa. Minerals)	440		2.023,00

Erfassung im Hauptbuch

200 Rohstoffe

S	H
1.700,00	

440 Verbindlichkeiten

S	H
	2.023,00

260 Vorsteuer (19 %)

S	H
323,00	

GrKR:

Eintragung ins Grundbuch

Datum	Beleg-Nr.	Text	Konto-Nr.	Soll	Haben
06.12.20xx	xxx	Wareneingang	301	1.700,00	
		Vorsteuer (19 %)	1410	323,00	
		an Verbindlichkeiten (Fa. Minerals)	171		2.023,00

Erfassung im Hauptbuch

301 Wareneingang

S	H
1.700,00	

171 Verbindlichkeiten

S	H
	2.023,00

1410 Vorsteuer (19 %)

S	H
323,00	

b) IKR:

Eintragung ins Grundbuch

Datum	Beleg-Nr.	Text	Konto-Nr.	Soll	Haben
21.12.20xx	xxx	Verbindlichkeiten (Fa. Minerals)	440	2.023,00	
		an Bank	280		2.023,00

Erfassung im Hauptbuch

S	280 Bank H
	2.023,00

S	440 Verbindlichkeiten H
2.023,00	(2.023,00) (siehe a)

GrKR:

Eintragung ins Grundbuch

Datum	Beleg-Nr.	Text	Konto-Nr.	Soll	Haben
21.12.20xx	xxx	Verbindlichkeiten (Fa. Minerals)	171	2.023,00	
		an Kreditinstitute/ Bank	131		2.023,00

Erfassung im Hauptbuch

S	131 Kreditinstitute/Bank H
	2.023,00

S	171 Verbindlichkeiten H
2.023,00	(2.023,00) (siehe a)

Zur 2. Aufgabe

a) IKR:

Eintragung ins Grundbuch

Datum	Beleg-Nr.	Text	Konto-Nr.	Soll	Haben
30.03.20xx	xxx	Aufwendungen für Hilfsstoffe	602	770,00	
		an Hilfsstoffe	202		770,00

Erfassung im Hauptbuch

S	602 Aufwendungen für Hilfsstoffe	H
770,00		

S	202 Hilfsstoffe	H
		770,00

b) IKR:

Eintragung ins Grundbuch

Datum	Beleg-Nr.	Text	Konto-Nr.	Soll	Haben
16.04.20xx	xxx	Hilfsstoffe	202	1.200,00	
		Vorsteuer (19 %)	260	228,00	
		an Verbindlichkeiten	440		1.428,00

c) IKR:

Datum	Beleg-Nr.	Text	Konto-Nr.	Soll	Haben
16.04.20xx	xxx	Aufwendungen für Hilfsstoffe	602	1.200,00	
		Vorsteuer (19 %)	260	228,00	
		an Verbindlichkeiten	440		1.428,00

Zur 3. Aufgabe

IKR:

Buchung nach Erhalt der Gutschriftanzeige:

Datum	Beleg-Nr.	Text	Konto-Nr.	Soll	Haben
28.03.20xx	xxx	Verbindlichkeiten (Fa. Minerals)	440	1.904,00	
		an Rohstoffe	200		1.600,00
		an Vorsteuer (19 %)	260		304,00

Zur 4. Aufgabe

IKR:

Datum	Beleg-Nr.	Text	Konto-Nr.	Soll	Haben
17.05.20xx	xxx	Verbindlichkeiten (Fa. Minerals)	440	1.349,46	
		an Nachlässe	6002		1.134,00
		an Vorsteuer (19 %)	260		215,46

Zur 5. Aufgabe

IKR:

Datum	Beleg-Nr.	Text	Konto-Nr.	Soll	Haben
11.06.20xx	xxx	Verbindlichkeiten (Fa. Minerals)	440	23.460,00	
		an Bank	280		22.990,80
		an Nachlässe	6002		394,29
		an Vorsteuer (19 %)	260		74,91

Fortsetzung auf der nächsten Seite.

Fortsetzung

Erfassung im Hauptbuch

S	440 Verbindlichkeiten	H
23.460,00		(23.460,00)*

S	280 Bank	H
		22.990,80

S	6002 Nachlässe	H
		394,29

S	260 Vorsteuer (19 %)	H
		74,91

* Bei der Buchung der Eingangsrechnung wurde die Verbindlichkeit erfasst.

Zur 6. Aufgabe

	Konto (Nr.) IKR	Konto (Nr.) GrKR	SOLL EUR	HABEN EUR
a)	260	1410	933,66	
	228	301	4.914,00	
	440	171		5.847,66
b)	260	1410	236,89	
	616	470	1.246,80	
	440	171		1.483,69

Rabatte werden nicht gebucht.

Möglich auch: 200

Zur 7. Aufgabe

Sicherlich haben Sie bei den vorherigen Aufgaben schon durchschaut, wie man die Umsatzsteuer aus einem Bruttobetrag herausrechnet. Verfolgen Sie die Rechnung am folgenden Beispiel noch einmal ganz genau!

a) In dem Gesamtbetrag von 103,20 EUR sind 7 % Mehrwertsteuer enthalten; er entspricht also 107 % (und nicht etwa 100 %, weswegen man nicht einfach 7 % von diesem Betrag berechnen kann!). Mit Hilfe des Dreisatzes oder auch anderer Rechenverfahren lässt sich der Steueranteil leicht ermitteln:

107 % => 103,20 EUR
1 % => 103,20 EUR : 107 %
7 % => (103,20 EUR : 107 %) x 7 %
= 6,75 EUR

oder:

107 % = 103,20 EUR
7 % = X

$$X = \frac{103{,}20 \text{ EUR} \times 7\,\%}{107\,\%} = \mathbf{6{,}75\ EUR}$$

In einer allgemeinen Formel ausgedrückt, wird der Steuerbetrag aus einem Bruttobetrag wie folgt ermittelt :

$$\textbf{MWSt-Betrag} = \frac{\textbf{Bruttobetrag x MWSt-Satz}}{\textbf{100 + MWSt-Satz}}$$

b) Als Faktor bezeichnet man eine Zahl, mit der man eine andere multipliziert. Gesucht ist die Zahl, mit der man den Bruttobetrag multiplizieren muss, um als Ergebnis der Multiplikation den Steuerbetrag zu erhalten. Weil die Multiplikation einfacher ist als die Dreisatzrechnung und weil man eine ständig benötigte Zahl als konstanten Faktor im Rechner speichern kann, wird in der Praxis viel mit dem Umrechnungsfaktor gearbeitet. Die in a) abgeleitete allgemeine Formel lässt sich auch so schreiben:

$$\text{MWSt-Betrag} = \text{Bruttobetrag} \times \frac{\text{MWSt-Satz}}{100 + \text{MWSt-Satz}}$$

Der ausgerechnete Bruch ist also der gesuchte Faktor: **7 : 107 = 0,0654205**

Übrigens bei dem vollen Steuersatz von 19 % lautet der Umrechnungsfaktor: **19 : 119 = 0,1596638**

c)

KÖLNER BUCHHAUS
am Neumarkt

Anz.	Titel	EUR
1	ESt-Recht	11,80
1	USt-Recht	14,80
1	Bilanzbuchhalter	76,60
		103,20

Konto (Nr.)		SOLL EUR	HABEN EUR
IKR	GrKR		
260	1420	6,75	
681	481	96,45	
288	151		103,20

Im Betrag sind 7 % USt enthalten

Zur 8. Aufgabe

Die Buchungssätze lauten:

a) IKR: 260 Vorsteuer und 203 Betriebsstoffe
an 440 Verbindlichkeiten LL

GrKR: 1410 Vorsteuer und 351 Betriebsstoffe
an 171 Verbindlichkeiten LL

b) IKR: 260 Vorsteuer und 680 Büromaterial und Drucksachen
an 288 Kasse

GrKR: 1410 Vorsteuer und 481 Bürobedarf
an 151 Kasse

c) Der Kauf von Gütern, die nicht lagermäßig geführt werden, wird sofort als Kosten gebucht.

IKR: 260 Vorsteuer und 605 Aufwendungen für Energie
an 288 Kasse

GrKR: 1410 Vorsteuer und 430 Energie, Betriebsstoffe
an 151 Kasse

Gingen die Brennstoffe dagegen in den Vorrat (auf Lager), wären sie als Betriebsstoffe (Bestand) zu buchen:

IKR: 260 Vorsteuer und 203 Betriebsstoffe
an 288 Kasse

GrKR: 1410 Vorsteuer und 351 Betriebsstoffe
an 151 Kasse

Zur 9. Aufgabe

Vor dem Kontenabschluss müssen Sie zuerst feststellen, auf welchem Konto der Überhang besteht. Das Konto mit dem Überhang empfängt den Saldo von dem anderen Konto.

a) Im ersten Fall ist der Vorsteuerbetrag größer als der Umsatzsteuerbetrag. Der Saldo des Umsatzsteuerkontos ist demnach auf das Vorsteuerkonto zu übertragen; es entsteht ein **Vorsteuerüberhang** in Höhe von **3.528,59 EUR.**

IKR:

S	260 Vorsteuer		H
440)	5.322,30	618)	986,77
288)	4.456,17	**480)**	**6.882,91**
280)	1.619,80	**801)**	**3.528,59**
	11.398,27		11.398,27

S	480 Umsatzsteuer		H
240)	627,40	240)	3.620,80
5101)	812,56	280)	3.417,26
260)	**6.882,91**	288)	1.284,81
	8.322,87		8.322,87

GrKR:

S	1410 Vorsteuer		H
171)	5.322,30	308)	986,77
151)	4.456,17	**1810)**	**6.882,91**
131)	1.619,80	**940)**	**3.528,59**
	11.398,27		11.398,27

S	1810 Umsatzsteuer		H
101)	627,40	101)	3.620,80
808)	812,56	131)	3.417,26
1410)	**6.882,91**	151)	1.284,81
	8.322,87		8.322,87

b) In diesem Fall sind die Umsatzsteuerschulden größer als die abzugsfähigen Vorsteuern. Der Saldo des Vorsteuerkontos wird auf das Umsatzsteuerkonto übertragen. Die verbleibende **Zahllast** beträgt **17.070,00 EUR.**

IKR:

S	260 Vorsteuer		H
440)	36.326,40	440)	1.199,60
288)	8.839,60	618)	3.860,40
280)	5.314,00	**480)**	**45.420,00**
	50.480,00		50.480,00

S	480 Umsatzsteuer		H
240)	5.181,50	240)	58.430,00
5101)	6.288,50	280)	3.422,80
260)	**45.420,00**	288)	12.107,20
801)	**17.070,00**		
	73.960,00		73.960,00

GrKR:

S	1410 Vorsteuer		H
171)	36.326,40	171)	1.199,60
151)	8.839,60	308)	3.860,40
131)	5.314,00	**1810)**	**45.420,00**
	50.480,00		50.480,00

S	1810 Umsatzsteuer		H
101)	5.181,50	101)	58.430,00
808)	6.288,50	131)	3.422,80
1410)	**45.420,00**	151)	12.107,20
940)	**17.070,00**		
	73.960,00		73.960,00

Zur 10. Aufgabe

Das sind die richtigen Buchungssätze:

a) Das Bruttoverfahren ist beim Einkauf zwar nicht verbreitet, aber ohne weiteres möglich, bei Waren bzw. Handelswaren auch betriebswirtschaftlich und organisatorisch vertretbar.

IKR:
260 Vorsteuer
an 228 Handelswaren

GrKR:
1410 Vorsteuer
an 301 Wareneingang

b) Skontoabzüge führen zu geringeren Zahlungen als ursprünglich berechnet. Deswegen können auch die als Vorsteuer gebuchten Erstattungsansprüche an das Finanzamt nicht in der vollen Höhe aufrecht erhalten werden; sie sind vielmehr zu kürzen (durch die HABEN-Buchung). Die brutto gebuchten Skonti sind nicht in vollem Umfang Aufwandsminderung für den Betrieb, weil ja der Steueranteil dem Finanzamt zugute kommt. Bei Skontoabzügen für gekaufte Lagervorräte ist eine Minderung des Einstandswertes (bei der Bewertung im Rahmen der Inventur) vorzunehmen, weil es sich sowohl handelsrechtlich als auch steuerrechtlich um Anschaffungspreisminderungen handelt.

IKR:
618 Skonti (bzw. 2..2 Nachlässe)
an 260 Vorsteuer

GrKR:
308 Lieferantenskonti
an 1410 Vorsteuer

c) IKR:
480 Umsatzsteuer
an 260 Vorsteuer

GrKR:
1810 Umsatzsteuer
an 1410 Vorsteuer

d) IKR:
480 Umsatzsteuer
an 260 Vorsteuer

GrKR:
1810 Umsatzsteuer
an 1410 Vorsteuer

Die Buchungssätze zu c) und d) sind gleich lautend, obwohl es sachlich zwei sehr verschiedene Fälle sind.

e) IKR:
480 Umsatzsteuer
an 280 Guthaben
bei Kreditinstituten

GrKR:
1810 Umsatzsteuer
an 131 Kreditinstitute

Fortsetzung auf der nächsten Seite

f) Mit der Passivierung wird in den Lehrbüchern die Übertragung des Endbestandes in das Schlussbilanzkonto für die (Passivseite der) Bilanz gemeint.

IKR:
480 Umsatzsteuer
an 801 Schlussbilanzkonto

GrKR:
1810 Umsatzsteuer
an 940 Schlussbilanzkonto

g) Die Ausbuchung des Endbestandes für die (Aktivseite der) Bilanz kann man analog zu f) als Aktivierung bezeichnen.

IKR:
801 Schlussbilanzkonto
an 260 Vorsteuer

GrKR:
940 Schlussbilanzkonto
an 1410 Vorsteuer

Zur 11. Aufgabe

	Konto (Nr.)		SOLL	HABEN
	IKR	GrKR	EUR	EUR
a)	260	1410	6,99	
	2031	352	36,80	
	288	151		43,79
b)	260	1410	157,58	
	680	481	829,35	
	288	151		986,93
			oder:	
	260	1410	157,58	
	680	481	855,00	
	288	151		986,93
	618	260		25,65
c)	440	171	5.376,00	
	280	131		5.214,72
	2282	308		161,28

Das Bezugskostenkonto ist hier als Unterkonto des Betriebsstoffkontos, nicht als Kostenkonto eingerichtet worden.

Hier wurde das Nettoverfahren zugrunde gelegt und der Skontoabzug als Kostenminderung gebucht.

Für die Einkaufsbuchung gilt hier auch das Nettoverfahren (wie üblich); der Skontoabzug wurde ebenfalls netto gebucht

Dies ist die Standardbuchung für den Ausgleich von Wareneingangsrechnungen unter Skontoabzug: Bruttobuchung auf dem Nachlasskonto als Unterkonto des Waren(einkaufs-)kontos.

Zur 12. Aufgabe

A) Eine noch verbreitete Methode ist die Führung eines einzigen Warenkontos für Bestand und Einkauf (bestenfalls mehrere Konten für verschiedene Warengruppen; aber keine Trennung nach Bestand und Einkauf). Dann müssten allerdings die Unterkonten „Bezugskosten“ und „Nachlässe“ auch in der gleichen Kontenklasse stehen wie das Warenkonto.

IKR:

a)

S	228 Handelswaren		H
800)	32.460,00	440)	3.110,00
440)	289.520,00	2282)	9.470,00
288)	1.680,00	**608)**	**299.570,00**
2281)	12.840,00	801)	24.350,00
	336.500,00		336.500,00

b)

S	228 Handelswaren		H
800)	32.460,00	440)	3.110,00
440)	289.520,00	2282)	9.470,00
288)	1.680,00	**608)**	**278.230,00**
2281)	12.840,00	801)	45.690,00
	336.500,00		336.500,00

GrKR:

a)

S	301 Wareneingang		H
910)	32.460,00	305)	3.110,00
171)	289.520,00	306)	9.470,00
151)	1.680,00	**929)***	**299.570,00**
302)	12.840,00	940)	24.350,00
	336.500,00		336.500,00

b)

S	301 Wareneingang		H
910)	32.460,00	305)	3.110,00
171)	289.520,00	306)	9.470,00
151)	1.680,00	**929)***	**278.230,00**
302)	12.840,00	940)	45.690,00
	336.500,00		336.500,00

* bzw. 930

Fortsetzung auf der nächsten Seite.

Fortsetzung

B)

IKR:

Bei einer Trennung von Warenbestandskonto und Wareneinkaufskonto müsste der Kontenplan geringfügig geändert werden. Das Konto 228 Waren (Handelswaren) soll auch für diesen Fall das Warenbestandskonto sein, während als Wareneinkaufskonto das Wareneinsatzkonto in der Klasse 6 benutzt wird. Die Unterkonten des Warenkontos in Klasse 2 (Bezugskosten und Nachlässe) müssten dann als Unterkonten des Wareneinsatzkontos in Klasse 6 geführt oder zumindest über dieses abgeschlossen werden. Die speziellen Kontenrahmen für die Industriebuchführung sehen diese Trennung nicht ausdrücklich vor.

a)

S	608 Wareneinsatz		H
440)	289.520,00	440)	3.110,00
288)	1.680,00	6082)**	9.470,00
6081)*	12.840,00	**802)**	**299.570,00**
228)	**8.110,00**		
	312.150,00		312.150,00

S	228 Handelswaren		H
800)	32.460,00	**608)**	**8.110,00**
		801)	**24.350,00**
	32.460,00		32.460,00

b)

S	608 Wareneinsatz		H
440)	289.520,00	440)	3.110,00
288)	1.680,00	6082)**	9.470,00
6081)*	12.840,00	**228)**	**13.230,00**
		802)	**278.230,00**
	304.040,00		304.040,00

S	228 Handelswaren		H
800)	32.460,00	**801)**	**45.690,00**
608)	**13.230,00**		
	45.690,00		45.690,00

* Bezugskosten für Waren
** Nachlässe für Waren

Fortsetzung auf der nächsten Seite.

Fortsetzung

GrKR:

Für die Trennung von Warenbestandskonto und Wareneinkaufskonto hat der Großhandelskontenrahmen Vorsorge getroffen. Das Konto 301 Wareneingang ist das Wareneinkaufskonto; als reines Bestandskonto wurde das Konto 391 Warenbestand eingerichtet.

a)

S	301 Wareneingang		H
171)	289.520,00	305)	3.110,00
151)	1.680,00	306)	9.470,00
302)	12.840,00	**929)***	**299.570,00**
391)	**8.110,00**		
	312.150,00		312.150,00

S	391 Warenbestand		H
910)	32.460,00	**301)**	**8.110,00**
		940)	**24.350,00**
	32.460,00		32.460,00

b)

S	301 Wareneingang		H
171)	289.520,00	305)	3.110,00
151)	1.680,00	306)	9.470,00
302)	12.840,00	**391)**	**13.230,00**
		929)*	**278.230,00**
	304.040,00		304.040,00

S	391 Warenbestand		H
910)	32.460,00	**940)**	**45.690,00**
301)	**13.230,00**		
	45.690,00		45.690,00

* Bezugskosten für Waren

Auf den Warenbestandskonten wird die Veränderung des Bestandes vom Anfangsbestand zum Endbestand ermittelt. Im Falle a) liegt eine Bestandsminderung vor. Das bedeutet, dass vom Anfangsbestand noch Waren für 8.110,00 EUR in den Verkauf geflossen sind; das erhöht den Wareneinsatz. Deshalb wird der Minderbestand des Warenbestandskontos als zusätzlicher Aufwand auf das Wareneinkaufskonto umgebucht. Der Fall b) zeigt einen Mehrbestand. Das wiederum bedeutet, dass von den eingekauften Waren noch ein Teil vorhanden ist. Deswegen muss der Mehrbestand laut Warenbestandskonto vom Wareneinsatz auf dem Wareneinkaufskonto abgezogen werden.

Sie erkennen jedoch, dass die ermittelten Wareneinsätze gleich sind, unabhängig von der gewählten Methode; nämlich für den Endbestand a) 299.570,00 EUR, für b) 278.230,00 EUR. Der Wareneinsatz wird beim Abschluss auf das Betriebsergebniskonto, wenn nicht vorhanden, auf das Gewinn- und Verlustkonto umgebucht.

Zur 13. Aufgabe

Noch ein paar Buchungen zu den Besonderheiten beim Warenverkehr:

a) IKR: 260 Vorsteuer und 2001 Bezugskosten für Rohstoffe (oder ein anderes Bezugskostenkonto)
an 440 Verbindlichkeiten LL

GrKR: 1410 Vorsteuer und 302 Warenbezugskosten
an 171 Verbindlichkeiten LL

b) Berechnete Leihemballagen sind für den Käufer Bezugskosten. Wenn sie zurückgegeben und Gutschriften dafür erteilt werden, sind die gebuchten Bezugskosten entsprechend zu korrigieren.

IKR: 440 Verbindlichkeiten LL
an 260 Vorsteuer und 2001 Bezugskosten für Rohstoffe (oder ein anderes Bezugskostenkonto)

GrKR: 171 Verbindlichkeiten LL
an 1410 Vorsteuer und 302 Warenbezugskosten

c) IKR: 260 Vorsteuer und 2281 Bezugskosten für Waren
an 288 Kasse

GrKR: 1410 Vorsteuer und 302 Warenbezugskosten
an 151 Kasse

d) Vertreter sind selbstständige Geschäftspartner (keine Angestellten). Ihre Vermittlungsleistungen gegen Entgelt (= Vertreterprovisionen) sind umsatzsteuerpflichtige Leistungen.

IKR: 260 Vorsteuer und 615 Vertriebsprovisionen
an 440 Verbindlichkeiten LL

GrKR: 1410 Vorsteuer und 450 Provisionen
an 171 Verbindlichkeiten LL

e) IKR: 260 Vorsteuer und 614 Frachten und Fremdlager
an 285 Postbankguthaben

GrKR: 1410 Vorsteuer und 462 Ausgangsfrachten
an 132 Postbank

f) Liefererskonti sind beim Warenbezug Anschaffungspreisminderungen, deswegen die Buchung als „Preisnachlass". Sie werden aus Rationalisierungsgründen i. d. R. nach dem Bruttoverfahren gebucht.

IKR: 440 Verbindlichkeiten LL
an 280 Guthaben bei Kreditinstituten und 2282 Nachlässe für Handelswaren

GrKR: 171 Verbindlichkeiten LL
an 131 Kreditinstitute und 308 Lieferskonti

Zur 14. Aufgabe

IKR:

a)

S 200 Rohstoffe **H**

S		H	
AB	23.500,00	Rücksend.	1.800,00
		Preisnach.	500,00
Bezugsko.	1.200,00	Rohstoff-aufwand	90.400,00
		Endbest.	32.000,00
Einkäufe	100.000,00		
	124.700,00		124.700,00

S 600 Rohstoffaufwand **H**

S		H	
Rohstoffe	90.400,00		

b)

Datum	Beleg-Nr.	Text	Konto-Nr.	Soll	Haben
	xxx	Aufwendungen für Rohstoffe	600	90.400,00	
		an Rohstoffe	200		90.400,00

Notizen

2 Buchungen im Absatzbereich

Notizen

2 Buchungen im Absatzbereich des Unternehmens

Zur 1. Aufgabe

a) IKR:

Eintragung ins Grundbuch

Datum	Beleg-Nr.	Text	Konto-Nr.	Soll	Haben
17.09.20xx	xxx	Forderungen (Fa. Ceramics)	240	14.809,55	
		an Umsatzerlöse	500		12.455,00
		an Umsatzsteuer (19 %)	480		2.364,55

Erfassung im Hauptbuch

S	240 Forderungen	H
14.809,55		

S	500 Umsatzerlöse	H
		12.455,00

S	480 Umsatzsteuer (19 %)	H
		2.364,55

GrKR:

Eintragung ins Grundbuch

Datum	Beleg-Nr.	Text	Konto-Nr.	Soll	Haben
17.09.20xx	xxx	Forderungen (Fa. Ceramics)	101	14.809,55	
		an Warenverkauf	801		12.455,00
		an Umsatzsteuer (19 %)	1810		2.364,55

Erfassung im Hauptbuch

S	101 Forderungen	H
14.809,55		

S	801 Umsatzerlöse	H
		12.455,00

S	1810 Umsatzsteuer (19 %)	H
		2.364,55

Fortsetzung auf der nächsten Seite.

Fortsetzung

b) IKR:

Eintragung ins Grundbuch

Datum	Beleg-Nr.	Text	Konto-Nr.	Soll	Haben
27.09.20xx	xxx	Bank	280	14.809,55	
		an Forderungen	240		14.809,55

Erfassung im Hauptbuch

S	280 Bank	H
14.809,55		

S	240 Forderungen	H
(14.809,55) (siehe a)		14.809,55

GrKR:

Eintragung ins Grundbuch

Datum	Beleg-Nr.	Text	Konto-Nr.	Soll	Haben
27.09.20xx	xxx	Bank/Kreditinstitute	131	14.809,55	
		an Forderungen	101		14.809,55

Erfassung im Hauptbuch

S	131 Bank	H
14.809,55		

S	101 Forderungen	H
(14.809,55) (siehe a)		14.809,55

Zur 2. Aufgabe

IKR:

Datum	Beleg-Nr.	Text	Konto-Nr.	Soll	Haben
23.09.20xx	xxx	Frachten und Fremdlager	614	300,00	
		Vorsteuer (19 %)	260	57,00	
		an Verbindlichkeiten	440		357,00

GrKR:

Datum	Beleg-Nr.	Text	Konto-Nr.	Soll	Haben
23.09.20xx	xxx	Ausgangsfrachten	462	300,00	
		Vorsteuer (19 %)	1410	57,00	
		an Verbindlichkeiten	171		357,00

Zur 3. Aufgabe

Wert der gesamten Gutschrift

Erlösberichtigung/Nachlass	124,45 EUR
+ 19 % Umsatzsteuer	23,65 EUR
= Bruttowert	148,10 EUR

IKR:

Datum	Beleg-Nr.	Text	Konto-Nr.	Soll	Haben
11.10.20xx	xxx	Erlösberichtigungen	5001	124,45	
		Umsatzsteuer (19 %)	480	23,65	
		an Forderungen (Fa. Ceramics)	240		148,10

GrKR:

Datum	Beleg-Nr.	Text	Konto-Nr.	Soll	Haben
11.10.20xx	xxx	Nachlässe an Kunden	806	124,45	
		Umsatzsteuer (19 %)	1810	23,65	
		an Forderungen (Fa. Ceramics)	101		148,10

Zur 4. Aufgabe

IKR:

Buchung des Zahlungseingangs im Grundbuch

Datum	Beleg-Nr.	Text	Konto-Nr.	Soll	Haben
05.03.20xx	xxx	Bank	280	4.107,95	
		Erlösberichtigungen	5001	106,76	
		Umsatzsteuer (19 %)	480	20,29	
		an Forderungen	240		4.235,00

Buchung des Zahlungseingangs im Hauptbuch

S	280 Bank	H
4.107,95		

S	240 Forderungen	H
(4.235,00)*		4.235,00

S	5001 Erlösberichtigungen	H
106,76		

S	480 Umsatzsteuer (19 %)	H
20,29		

* Die Ausgangsrechnung wurde vorab als Forderung erfasst.

GrKR:

Buchung des Zahlungseingangs im Grundbuch

Datum	Beleg-Nr.	Text	Konto-Nr.	Soll	Haben
05.03.20xx	xxx	Kreditinstitute/Bank	131	4.107,95	
		Kundenskonti	808	106,76	
		Umsatzsteuer (19 %)	1810	20,29	
		an Forderungen	101		4.235,00

Fortsetzung auf der nächsten Seite.

Fortsetzung

Buchung des Zahlungseingangs im Hauptbuch

S	131 Bank	H
4.107,95		

S	808 Kundenskonti	H
106,76		

S	1810 Umsatzsteuer (19 %)	H
20,29		

S	101 Forderungen	H
(4.235,00)*		4.235,00

* Die Ausgangsrechnung wurde vorab als Forderung erfasst.

Zur 5. Aufgabe

Rechnungselement	Gesetzliche Mindestanforderung	Rein kaufmännische Angabe
Kundennummer		X
Name des Ansprechpartners		X
Ausstellungsdatum	X	
Leistungszeitpunkt	X	
Name und Anschrift des leistenden Unternehmers	X	
Lieferungsbedingungen		X
Rechnungsnummer	X	
Steuernummer oder Umsatzsteuer-Identifikationsnummer	X	
Name und Anschrift des Leistungsempfängers	X	
Unterschrift des Rechnungserstellers		X

Zur 6. Aufgabe

Berechnung der Restforderung:

	Forderungen (netto)	5.000,00 EUR
+	19 % USt	950,00 EUR
=	Forderung (brutto)	5.950,00 EUR
–	Gutschrift f. Mangel	400,00 EUR
=	Restforderung	5.550,00 EUR

IKR:

S 240 Forderungen **H**

S		H	
5.950,00		Gutschr.	400,00
			5.550,00

S 500 Umsatzerlöse **H**

S	H
336,13	

S 280 Bank **H**

S	H
5.550,00	

S 480 Umsatzsteuer (19 %) **H**

S	H
63,87	

GrKR:

S 101 Forderungen **H**

S		H	
5.950,00		Gutschr.	400,00
			5.550,00

S 801 Warenverkauf **H**

S	H
336,13	

S 131 Bank **H**

S	H
5.550,00	

S 1810 Umsatzsteuer (19 %) **H**

S	H
63,87	

3 Buchungen bei der Ein- und Ausfuhr

Notizen

3 Buchungen bei der Ein- und Ausfuhr

Zur 1. Aufgabe

Beschreibung	Innergemeinschaftliche Lieferung/Erwerb	Ausfuhr/Einfuhr Drittland
Ein deutsches Unternehmen liefert Maschinen in die Schweiz **(Nicht-EU-Land).**		X
Ein französischer Nahrungsmittelhersteller **(EU-Land)** liefert an einen Kunden in Polen **(EU-Land).**	X	
Ein US-amerikanischer Fahrzeughersteller **(Nicht-EU-Land)** liefert seine Fahrzeuge nach Deutschland.		X
Ein deutsches Unternehmen liefert Schaltschränke an einen chinesischen Kunden **(Nicht-EU-Land).**		X
Ein deutsches Unternehmen liefert Chemieprodukte an einen spanischen Kunden **(EU-Land).**	X	

Zur 2. Aufgabe

a) IKR:

Erfassung im Grundbuch

Datum	Beleg-Nr.	Text	Konto-Nr.	Soll	Haben
20.08.20xx	xxx	Innergemeinschaftlicher Erwerb	25	24.000,00	
		an Verbindlichkeiten	440		24.000,00

GrKR:

Erfassung im Grundbuch

Datum	Beleg-Nr.	Text	Konto-Nr.	Soll	Haben
20.08.20xx	xxx	Technische Anlagen und Maschinen	031	24.000,00	
		an Verbindlichkeiten	171		24.000,00

Fortsetzung auf der nächsten Seite.

Fortsetzung

b) Erfassung im Grundbuch

IKR:

Datum	Beleg-Nr.	Text	Konto-Nr.	Soll	Haben
20.08.20xx	xxx	Vorsteuer für innergemeinschaftlichen Erwerb	2602	4.560,00	
		an Umsatzsteuer für innergemeinschaftlichen Erwerb	4802		4.560,00

GrKR:

Datum	Beleg-Nr.	Text	Konto-Nr.	Soll	Haben
20.08.20xx	xxx	Vorsteuer für innergemeinschaftlichen Erwerb	1411	4.560,00	
		an Umsatzsteuer für innergemeinschaftlichen Erwerb	1811		4.560,00

c) Erfassung im Grundbuch

IKR:

Datum	Beleg-Nr.	Text	Konto-Nr.	Soll	Haben
20.08.20xx	xxx	Technische Anlagen und Maschinen	07	24.000,00	
		an Innergemeinschaftlicher Erwerb	25		24.000,00

Eine Erfassung im GrKR ist nicht erforderlich, da die Anlagen bereits aktiviert wurden (siehe a).

Zur 3. Aufgabe

IKR:

Erfassung im Grundbuch

Datum	Beleg-Nr.	Text	Konto-Nr.	Soll	Haben
22.05.20xx	xxx	Forderungen	240	17.800,00	
		an Erlöse aus innergemeinschaftlicher Lieferung	506		17.800,00

GrKR:

Erfassung im Grundbuch

Datum	Beleg-Nr.	Text	Konto-Nr.	Soll	Haben
22.05.20xx	xxx	Forderungen	101	17.800,00	
		an Erlöse aus innergemeinschaftlicher Lieferung	8810		17.800,00

Die Umsatzsteuer darf wegen des Bestimmungslandprinzips nicht gebucht werden! Sie wird beim Kunden erfasst (siehe z. B. Aufgabe 2b).

Zur 4. Aufgabe

a) IKR:

Erfassung im Grundbuch

Datum	Beleg-Nr.	Text	Konto-Nr.	Soll	Haben
28.11.20xx	xxx	Gütereinfuhr	2510	10.625,00	
		Bezugskosten	2511	980,00	
		an Verbindlichkeiten	440		11.605,00

GrKR:

Erfassung im Grundbuch

Datum	Beleg-Nr.	Text	Konto-Nr.	Soll	Haben
28.11.20xx	xxx	Wareneinfuhr	3810	10.625,00	
		Warenbezugskosten	3820	980,00	
		an Verbindlichkeiten	171		11.605,00

b) IKR:

Erfassung im Grundbuch

Datum	Beleg-Nr.	Text	Konto-Nr.	Soll	Haben
28.11.20xx	xxx	Gütereinfuhr	2510	980,00	
		an Bezugskosten	2511		980,00

GrKR:

Erfassung im Grundbuch

Datum	Beleg-Nr.	Text	Konto-Nr.	Soll	Haben
28.11.20xx	xxx	Wareneinfuhr	3810	980,00	
		an Warenbezugskosten	3820		980,00

Fortsetzung auf der nächsten Seite.

Fortsetzung

c) IKR:

Erfassung im Grundbuch

Datum	Beleg-Nr.	Text	Konto-Nr.	Soll	Haben
28.11.20xx	xx	Rohstoffe	200	11.605,00	
		an Gütereinfuhr	2510		11.605,00

GrKR:

Eine Buchung ist nicht erforderlich, da bereits die Erfassung auf dem entsprechenden Warenkonto erfolgt ist.

d) Berechnungsgrundlage für die Einfuhrumsatzsteuer:

Warenwert	10.625,00 EUR
+ Transportkosten/Fracht	980,00 EUR
= Zollwert	11.605,00 EUR
+ Zoll	800,00 EUR
= Bemessungsgrundlage	12.405,00 EUR

davon 19 % = 2.356,95 EUR Einfuhrumsatzsteuer

IKR:

Erfassung im Grundbuch

Datum	Beleg-Nr.	Text	Konto-Nr.	Soll	Haben
28.11.20xx	xxx	Bezugskosten **(Zoll)**	2511	800,00	
		Einfuhrumsatzsteuer	2604	2.356,95	
		an Zollverbindlichkeiten	4820		3.156,95

GrKR:

Erfassung im Grundbuch

Datum	Beleg-Nr.	Text	Konto-Nr.	Soll	Haben
28.11.20xx	xxx	Warenbezugskosten (oder Wareneinfuhr)	3820 (oder 3810)	800,00	
		Einfuhrumsatzsteuer	1430	2.356,95	
		an Zollverbindlichkeiten	1980		3.156,95

Zur 5. Aufgabe

IKR:

Erfassung im Grundbuch

Datum	Beleg-Nr.	Text	Konto-Nr.	Soll	Haben
20.02.20xx	xx	Forderungen	240	23.520,00	
		an Erlöse aus Güter-ausfuhr	507		23.520,00

GrKR:

Erfassung im Grundbuch

Datum	Beleg-Nr.	Text	Konto-Nr.	Soll	Haben
20.02.20xx	xx	Forderungen	101	23.520,00	
		an Erlöse aus Waren-ausfuhr	8820		23.520,00

4 Buchungen im Anlagenbereich

Notizen

4 Buchungen im Anlagenbereich

Zur 1. Aufgabe

IKR:

Eintragung ins Grundbuch

Datum	Beleg-Nr.	Text	Konto-Nr.	Soll	Haben
18.03.20xx	xxx	Technische Anlagen und Maschinen	07	18.400,00	
		Vorsteuer (19 %)	260	3.496,00	
		an Verbindlichkeiten	440		21.896,00

Erfassung im Hauptbuch

07 Technische Anlagen u. Maschinen

S	H
18.400,00	

440 Verbindlichkeiten

S	H
	21.896,00

260 Vorsteuer (19 %)

S	H
3.496,00	

GrKR:

Eintragung ins Grundbuch

Datum	Beleg-Nr.	Text	Konto-Nr.	Soll	Haben
18.03.20xx	xxx	Technische Anlagen und Maschinen	031	18.400,00	
		Vorsteuer (19 %)	1410	3.496,00	
		an Verbindlichkeiten	171		21.896,00

Erfassung im Hauptbuch

031 Technische Anlagen u. Maschinen

S	H
18.400,00	

171 Verbindlichkeiten

S	H
	21.896,00

1410 Vorsteuer (19 %)

S	H
3.496,00	

Zur 2. Aufgabe

IKR bzw. GrKR:

S	07/031 Technische Anlagen und Maschinen		H
Anschaffungspreis	18.400,00	3 % Skonto	552,00
Transportkosten	268,00		
Inbetriebnahme	312,00		
Lärmschutz	856,00		

Die Finanzierungskosten sind kein Bestandteil der Anschaffungskosten der Maschine und dürfen daher nicht mit aufgenommen werden.

Zur 3. Aufgabe

Lösung: a) = 1; b) = 2; c) = 1; d) = 1; e) = 2; f) = 2; g) = 1; h) = 1

a) Zu den Anschaffungskosten zählen alle Ausgaben, die notwendigerweise bei der Anschaffung einer Anlage entstehen. Dazu gehört auch die Grunderwerbsteuer, die für den Erwerb eines Grundstücks zu entrichten ist. Die Zahlung von Grundsteuern dagegen wäre nicht aktivierungspflichtig, weil es sich um laufend wiederkehrende Zahlungen für den Besitz des Grundstücks handelt.

b) Hierbei handelt es sich um Erhaltungsaufwand. Diese Reparaturaufwendungen sind als Kosten zu erfassen.

c) Die Ausgaben für den Antransport von Anlagen sind Anschaffungskosten.

d) Ausgaben für werterhöhende Reparaturen müssen aktiviert werden; d. h. der Bilanzwert der Anlage ist um die Wertsteigerung zu erhöhen.

e) Ausgaben für die Wartung sind Instandhaltungskosten, also reiner Erhaltungsaufwand. Dabei kommt es nicht darauf an, ob es sich um Großanlagen handelt oder nicht. Lassen Sie sich nicht dazu verleiten, Reparaturaufwendungen nur deshalb als aktivierungspflichtig anzusehen, weil „große" Reparaturen mit entsprechend hohen Kosten durchgeführt wurden. Auf den Umfang der Reparatur und die Höhe der Ausgaben kommt es bei der Entscheidung nicht an, sondern lediglich darauf, ob die Reparatur nur werterhaltend oder wertsteigernd ist.

f) Kosten der Finanzierung brauchen nicht aktiviert zu werden. Sie gehören nicht zu den Erwerbsnebenkosten.

g) Ausgaben für die Schaffung von Anlagevermögen sind von Anfang an „Im Bau befindliche Anlagen". Die Konten „095 Anlagen im Bau" (IKR) bzw. „026 Bauten im Bau" und „036 Anlagen im Bau" (GrKR) sammeln die aktivierungspflichtigen Ausgaben für die Herstellung der Anlage während der Bauphase.

h) Ohne Abnahme durch den TÜV kann die Anlage nicht in Betrieb genommen werden. Damit gehören die Gebühren für die Abnahme zu den notwendigen Ausgaben bis zur Betriebsbereitschaft der Anlage und sind deshalb aktivierungspflichtig.

Zur 4. Aufgabe

Rechnung für die Maschine:

	89.000,00 EUR
	2.500,00 EUR
	1.650,00 EUR *
	8.900,00 EUR
	102.050,00 EUR
+ 19 % USt	19.389,50 EUR
	121.439,50 EUR

Rechnung für das Fundament:

	4.800,00 EUR
+ 19 % USt	912,00 EUR
	5.712,00 EUR

* Der Posten „Kühl- und Schmiermittel" zählt nicht zu den Anschaffungskosten; diese Mittel dienen dem Betreiben der Anlage, nicht dem Erwerb. Sie sind daher als Betriebsstoffe zu erfassen und nicht als Anlagevermögen.

a) Rechnung Maschine:

Konto (Nr.)		SOLL	HABEN
IKR	GrKR	EUR	EUR
071	031	100.400,00	
260	1410	19.389,50	
203	351*	1.650,00	
440	171		121.439,50

* oder 430

Rechnung Fundament:

Konto (Nr.)		SOLL	HABEN
IKR	GrKR	EUR	EUR
071	031	4.800,00	
260	1410	912,00	
440	171		5.712,00

b) Überweisungsbeträge:

Rechnung für die Maschine:

	121.439,50 EUR
Skonto	– 2.428,79 EUR
	119.010,71 EUR

Rechnung für das Fundament:

	5.712,00 EUR
Skonto	– 114,24 EUR
	5.597,76 EUR

Durch den Skontoabzug müssen folgende Posten korrigiert werden:

Anschaffungskosten Maschine:

ER Maschine:	102.050,00 EUR	
	– 1.650,00 EUR	
	100.400,00 EUR/davon 2 % Skonto =	2.008,00 EUR
ER Fundament:	4.800,00 EUR/davon 2 % Skonto =	96,00 EUR
Betriebsstoffe:	1.650,00 EUR/davon 2 % Skonto =	33,00 EUR

Fortsetzung auf der nächsten Seite.

Fortsetzung

Die Skontoabzüge für die Betriebsstoffe werden als Minderung der Bezugspreise für Betriebsstoffe gebucht:

IKR: ... an 2032 Nachlässe für Betriebsstoffe

GrKR: ... an 356 Nachlässe für Betriebsstoffe
oder
... an 430 Energie, Betriebsstoffe

(Im Lösungsbeispiel erfolgt die Skontobuchung nach dem Nettoverfahren. Falls auf dem angegebenen Konto die Nachlässe generell nach dem Bruttoverfahren gebucht würden, müsste zunächst noch die Umsatzsteuer auf den Nettopreis aufgeschlagen werden, bevor der Skontobetrag (brutto) errechnet und gebucht werden könnte:

1.650,00 EUR + 19 % Ust = 1.963,50 EUR; davon 2 % Skonto = 39,27 EUR.
Die Umsatzsteuer dürfte dann im Zusammenhang mit der Buchung der Zahlung nur um 100.400,00 EUR x 19 % x 2 % = 381,52 EUR korrigiert werden.)

Umsatzsteuer:

ER Maschine: 19.389,50 EUR/ davon 2 % Skonto = 387,79 EUR

ER Fundament: 912,00 EUR/ davon 2 % Skonto = 18,24 EUR

Buchung des Zahlungsvorgangs:

Rechnung Maschine:

Konto (Nr.)		SOLL	HABEN
IKR	GrKR	EUR	EUR
440	171	121.439,50	
071	031		2.008,00
260	1410		387,79
280	131		119.010,71
2032	356		33,00

Rechnung Fundament:

Konto (Nr.)		SOLL	HABEN
IKR	GrKR	EUR	EUR
440	171	5.712,00	
071	031		96,00
260	1410		18,24
280	131		5.597,76

= nach dem Nettoverfahren gebucht!

c) Berechnung des endgültigen Anschaffungswertes:

	102.050,00 EUR	Nettobetrag der Maschinenrechnung
–	1.650,00 EUR	Nettobetrag der Betriebsstoffe
+	4.800,00 EUR	Nettobetrag der Fundamentrechnung
	105.200,00 EUR	
–	2.104,00 EUR	2 % Skonto
	103.096,00 EUR	

Zur 5. Aufgabe

a) Anzahlung = 1/3 von 258.000,00 EUR = 86.000,00 EUR
+ 19 % USt 16.340,00 EUR
102.340,00 EUR

b) Eingangsrechnung bei Lieferung:

LKW	258.000,00 EUR	
USt	49.020,00 EUR	(davon 16.340,00 EUR schon bezahlt)
	307.020,00 EUR	
Anz.	– 102.340,00 EUR	
	204.680,00 EUR	

c) Überweisungbeträge der 2. und 3. Rate:

204.680,00 : 2 = 102.340,00 EUR

Kontierung:

	Konto (Nr.)		SOLL	HABEN
	IKR	GrKR	EUR	EUR
a)	090	035	86.000,00	
	260	1410	16.340,00	
	280	131		102.340,00
b)	084	034	258.000,00	
	260	1410	32.680,00	
	090	035		86.000,00
	440	171		204.680,00
c)	440	171	102.340,00	
	280	131		102.340,00

Zur 6. Aufgabe

a) Eingangsrechnung für die Büromaschinen:

20 x 1.212,50 =		24.250,00 EUR
15 % Rabatt	–	3.637,50 EUR
		20.612,50 EUR
19 % USt	+	3.916,38 EUR
		24.528,88 EUR

(Einzelpreis vor der Bezahlung: 20.612,50 : 20 = 1.030,63 EUR)

b) Bezahlung der Rechnung:

		24.528,88 EUR
3 % Skonto	–	735,87 EUR *
		23.793,01 EUR

* Davon fallen auf den Nettobetrag	20.612,50 x 3 %	=	618,38 EUR
auf die USt	3.916,38 x 3 %	=	117,49 EUR
			785,87 EUR

c) Ob eine Umbuchung erfolgen muss, hängt davon ab, ob durch den Skontoabzug der Netto-Einzelpreis einer Büromaschine auf 1.000,00 EUR oder darunter rutscht:

		20.612,50
3 %	–	618,38
		19.994,12 : 20 = 999,71 EUR (Einzelpreis)

Die Büromaschinen sind jetzt geringwertige Wirtschaftsgüter.

Kontierung:

	Konto (Nr.)		SOLL	HABEN
	IKR	GrKR	EUR	EUR
a)	086	033	20.612,50	
	260	1410	3.916,38	
	440	171		24.528,88
b)	440	171	24.528,88	
	086	033		618,38
	260	1410		117,49
	280	131		23.793,01
c)	089	037	19.994,12	
	086	033		19.994,12

Zur 7. Aufgabe

Herstellungswert:	128.000,00 EUR	(aus Vorjahr)
	58.400,00 EUR	(Fremdleistungen lfd. Jahr)
	46.800,00 EUR	(Eigenleistungen lfd. Jahr)
	233.200,00 EUR	

Konto (Nr.) IKR	Konto (Nr.) GrKR	SOLL EUR	HABEN EUR	
055	023	233.200,00		
095	026		186.400,00	128.000,00 + 58.400,00
530	880		46.800,00	

Zur 8. Aufgabe

Die Buchungssätze lauten:

IKR:

a) 095 Anlagen im Bau und 260 Vorsteuer
an 440 Verbindlichkeiten aus Lieferungen und Leistungen

b) 085 Sonstige Betriebsausstattung
an 530 Aktivierte Eigenleistungen

c) 095 Anlagen im Bau und 260 Vorsteuer
an 288 Kasse

d) 087 Büromöbel und sonstige Geschäftsausstattung und 260 Vorsteuer
an 288 Kasse

e) 702 Grundsteuer
an 280 Guthaben bei Kreditinstituten (oder 285 Postbankguthaben)

GrKR:

a) 036 Anlagen im Bau und 1410 Vorsteuer
an 171 Verbindlichkeiten LL

b) 033 Betriebs- und Geschäftsausstattung
an 880 Eigenleistungen

c) 036 Anlagen im Bau und 1410 Vorsteuer
an 151 Kasse

d) 033 Betriebs- und Geschäftsausstattung und 1410 Vorsteuer
an 151 Kasse

e) 423 Grundsteuer oder (neutral behandelt)
206 Sonstige Aufwendungen
an 131 Kreditinstitute (oder 132 Postbank)

Zur 9. Aufgabe

Die in den folgenden Lösungen verwendeten Abkürzungen werden in der Formelsammlung am Ende der Lerneinheit erläutert.

m	a) lin. AfA 10 % v. AW* EUR	b) degr. AfA 20 % v. RW EUR
AW 1	407.110 40.711*	407.110 81.422
2	366.399 40.711	325.688 65.138
3	325.688 40.711	260.550 52.110
4	284.977 40.711	208.440 41.688
5	244.266 40.711	166.752 33.350
6	203.555 40.711	133.402 26.680
7	162.844 40.711	106.721 21.344
8	122.133 40.711	85.377 17.075
9	81.422 40.711	68.302 13.660
10	40.711 40.711	54.641 10.928
	0	43.713

Anmerkung:

Abschreibungsbeträge sind stets Schätzwerte. Es ist deshalb nicht üblich, hierbei mit Centbeträgen zu rechnen. Man rundet mindestens auf volle EUR auf oder ab.

* Der Abschreibungsbetrag bei der linearen Abschreibung ergibt sich, wenn man den Abschreibungsgrundbetrag (hier den Anschaffungswert) durch die Anzahl der Nutzungsjahre dividiert: AB = AW : n / 407.110 : 10 = 40.711. Der Abschreibungssatz für die Abschreibung auf 0 ist der Quotient aus 100 und der Nutzungsdauer: 100 : n / 100 : 10 = 10. Die 10 % beziehen sich auf den Anschaffungswert.

Zur 10. Aufgabe

m	lin. Abschr.* EUR
AW 1	407.110 37.631*
2	369.479 37.631
3	331.848 37.631
4	294.217 37.631
5	256.586 37.631
6	218.955 37.631
7	181.324 37.631
8	143.693 37.631
9	106.062 37.631
10	68.431 37.631
	30.800

* Der Abschreibungsgrundbetrag bei der linearen Abschreibung auf den Schrottwert ist die Differenz zwischen Anschaffungswert und Schrottwert. Dieser Betrag ist gleichmäßig auf die Nutzungszeit zu verteilen: 407.110 EUR – 30.800 EUR = 376.310 EUR. 376.310 : 10 = 37.631 EUR. Am Ende bleibt dann der Schrottwert (30.800 EUR) übrig.

Zur 11. Aufgabe

a) Die Wertminderung wird direkt auf dem Anlagenkonto abgesetzt: HABEN-Buchung auf dem Anlagenkonto.

IKR: 652 Abschreibungen auf Sachanlagen
an 087 Büromöbel und sonstige Geschäftsausstattung

GrKR: 230 Bilanzmäßige Abschreibungen auf Sachanlagen
an 033 Betriebs- und Geschäftsausstattung

oder:

GrKR: 491 Abschreibungen auf Anlagen
an 033 Betriebs- und Geschäftsausstattung

b) Grundstücke unterliegen normalerweise keiner Abnutzung; sie können daher nicht „planmäßig" abgeschrieben werden. Alle außerplanmäßigen Abschreibungen – das gilt auch für andere Vermögensgegenstände – haben außerordentlichen Charakter. Das ist beim Buchen bzw. in der Abgrenzungsrechnung zu berücksichtigen.

IKR: 655 Außerplanmäßige Abschreibungen auf Sachanlagen
an 050 Unbebaute Grundstücke oder
051 Bebaute Grundstücke

GrKR: 201 Außerordentliche Aufwendungen
an 021 Grundstücke

c) IKR: 654 Abschreibungen auf GWG-Sammelposten
an 089 GWG-Abschreibungspool (BGA)

GrKR: 230 Bilanzmäßige Abschreibungen auf Sachanlagen
an 037 Geringwertige Wirtschaftsgüter/Abschreibungspool

Die Abschreibung der geringwertigen Wirtschaftsgüter – des Abschreibungspools – verteilt sich gleichmäßig auf 5 Jahre. Die Teilabschreibung der geringwertigen Wirtschaftsgüter kann auf den normalen Abschreibungskonten gebucht werden.

d) Zuschreibungen kommen vor, wenn Anlagegüter aufgrund des Niederstwertprinzips außerplanmäßig auf einen Wert abgeschrieben waren, der wirtschaftlich nicht mehr gerechtfertigt ist, weil der Wert des Gutes wieder gestiegen ist. Für Kapitalgesellschaften besteht nach § 280 HGB ein entsprechendes „Wertaufholungsgebot".

IKR: 050 Unbebaute Grundstücke oder 051 Bebaute Grundstücke
an 544 Erträge aus Werterhöhungen von Gegenständen des Anlagevermögens
(Zuschreibungen)

GrKR: 021 Grundstücke
an 273 Erträge aus Zuschreibungen

Zur 12. Aufgabe

Durch den Verkauf des Fahrzeugs wird ein Buchgewinn von 1.600,00 EUR erzielt:

Konto (Nr.)		SOLL EUR	HABEN EUR	
IKR	GrKR			
286	152	4.760,00		4.000,00 + 19 %
084	034		2.400,00	
480	1810		760,00	
546	271		1.600,00	

Zur 13. Aufgabe

a) Abschreibungsverlauf bei degressiver Abschreibung mit 25 %:

Ermittlung der Restbuchwerte	Degressive AfA
Anschaffungswert	12.000,00
– AfA 1. Jahr	3.000,00
= Restbuchwert Ende 1. Jahr	9.000,00
– AfA 2. Jahr	2.250,00
= Restbuchwert Ende 2. Jahr	6.750,00
– AfA 3. Jahr	1.687,50
= Restbuchwert Ende 3. Jahr	5.062,50

Eine Rundung auf volle Euro ist zulässig.

Fortsetzung auf der nächsten Seite.

Fortsetzung

b) Buchungssätze am Ende des ersten Geschäftsjahres und Abschlussbuchungssatz für das Abschreibungskonto:

IKR:

Datum	Beleg-Nr.	Text	Konto-Nr.	Soll	Haben
	xxx	Abschreibungen auf Sachanlagen	652	3.000,00	
		an Technische Anlagen und Maschinen	07		3.000,00
	xxx	Gewinn- und Verlust-konto	802	3.000,00	
		an Abschreibungen auf Sachanlagen	652		3.000,00

GrKR:

Datum	Beleg-Nr.	Text	Konto-Nr.	Soll	Haben
	xxx	Abschreibungen auf Sachanlagen	491	3.000,00	
		an Technische Anlagen und Maschinen	031		3.000,00
	xxx	GuV	930	3.000,00	
		an Abschreibungen auf Sachanlagen	491		3.000,00

Zur 14. Aufgabe

1. Bestimmung des Abschreibungsbetrages pro Betriebsstunde

Abschreibung pro Std.
= Anschaffungskosten/Betriebsstunden
= 44.000,00 EUR/5.000 Std.
= 8,80 EUR/Std.

Fortsetzung auf der nächsten Seite.

Fortsetzung

2. Bestimmung der Abschreibungsbeträge pro Jahr

Abschreibung für das erste Jahr
= Abschreibung pro Std. · Anzahl der Betriebsstunden 1. Jahr
= 8,80 EUR/Std. · 650 Std. = 5.720,00 EUR

Abschreibung für das zweite Jahr
= Abschreibung pro Std. · Anzahl der Betriebsstunden 2. Jahr
= 8,80 EUR/Std. · 720 Std. = 6.336,00 EUR

Zur 15. Aufgabe

Der „Erfolg" des Verkaufsvorganges (+ 3.000,00 EUR) wird letztlich deutlich, wenn in der Gewinn- und Verlustrechnung die Anlagenabgänge als Aufwand (25.000,00 EUR) und die Erlöse aus Anlagenabgängen (28.000,00 EUR) gegenüber gestellt werden.

IKR:

Datum	Beleg-Nr.	Text	Konto-Nr.	Soll	Haben
	a)	Bank	280	33.320,00	
		an Erträge aus Anlagen- abgängen	546		28.000,00
		an Umsatzsteuer (19 %)	480		5.320,00
	b)	Anlagenabgänge	6979	25.000,00	
		an Technische Anlagen und Maschinen	07		25.000,00

GrKR:

Datum	Beleg-Nr.	Text	Konto-Nr.	Soll	Haben
	a)	Bank	131	33.320,00	
		an Erlöse aus Anlagenab- gang	270		28.000,00
		an Umsatzsteuer (19 %)	1810		5.320,00
	b)	Anlagenabgänge	208	25.000,00	
		an Technische Anlagen und Maschinen	031		25.000,00

Zur 16. Aufgabe

Der „Verlust“ des Verkaufsvorganges (- 300,00 EUR) wird letztlich deutlich, wenn in der Gewinn- und Verlustrechnung die Anlagenabgänge als Aufwand (2.200,00 EUR) und die Erlöse aus Anlagenabgängen (1.900,00 EUR) gegenüber gestellt werden.

IKR:

Datum	Beleg-Nr.	Text	Konto-Nr.	Soll	Haben
	a)	Kasse	288	2.261,00	
		an Erträge aus Anlagen-abgängen	546		1.900,00
		an Umsatzsteuer (19 %)	480		361,00
	b)	Anlagenabgänge	6979	2.200,00	
		an Fuhrpark	084		2.200,00

GrKR:

Datum	Beleg-Nr.	Text	Konto-Nr.	Soll	Haben
	a)	Kasse	151	2.261,00	
		an Erlöse aus Anlagen-abgang	270		1.900,00
		an Umsatzsteuer (19 %)	1810		361,00
	b)	Anlagenabgänge	208	2.200,00	
		an Fuhrpark	034		2.200,00

Zur 17. Aufgabe

Der „Erfolg“ der Inzahlunggabe wird erkennbar, wenn in der Gewinn- und Verlustrechnung die Anlagenabgänge als Aufwand (2.000,00 EUR) und die Erlöse aus Anlagenabgängen (3.000,00 EUR) gegenüber gestellt werden.

IKR:

Datum	Beleg-Nr.	Text	Konto-Nr.	Soll	Haben
	a)	Fuhrpark	084	40.000,00	
		Vorsteuer (19 %)	260	7.600,00	
		an Verbindlichkeiten	440		47.600,00
	b)	Verbindlichkeiten	440	3.570,00	
		an Erträge aus Anlagenabgängen	546		3.000,00
		an Umsatzsteuer (19 %)	480		570,00
	c)	Anlagenabgänge	6979	2.000,00	
		an Fuhrpark	084		2.000,00
	d)	Verbindlichkeiten	440	44.030,00	
		an Bank	280		44.030,00

GrKR:

Datum	Beleg-Nr.	Text	Konto-Nr.	Soll	Haben
	a)	Fuhrpark	034	40.000,00	
		Vorsteuer (19 %)	1410	7.600,00	
		an Verbindlichkeiten	171		47.600,00
	b)	Verbindlichkeiten	171	3.570,00	
		an Erlöse aus Anlagenabgängen	270		3.000,00
		an Umsatzsteuer (19 %)	1810		570,00
	c)	Anlagenabgänge	208	2.000,00	
		an Fuhrpark	034		2.000,00
	d)	Verbindlichkeiten	171	44.030,00	
		an Kreditinstitute/Bank	131		44.030,00

Formelsammlung für die Berechnung von Abschreibungen

Begriffe und verwendete Abkürzungen:

AB	=	Abschreibungsbetrag	n	=	Nutzungsdauer
AW	=	Anschaffungswert	Rn	=	Restnutzungsdauer
RW	=	Restwert	m	=	Abschreibungsjahr
SW	=	Schrottwert	L	=	Leistungseinheiten
WW	=	Wiederbeschaffungswert	ʟ	=	Kosten je Leistungseinheit
AS	=	Abschreibungssatz	N	=	Nenner = Teiler für eine bestimmte Anzahl von Jahren

1. Leistungsabhängige Abschreibung

Abschreibungsbetrag pro Leistungseinheit = (Anschaffungswert – Schrottwert) : gesamte Leistungseinheiten

$$\text{ʟ} = (AW - SW) : L$$

Abschreibungsbetrag pro Jahr = (Anschaffungswert – Schrottwert) : gesamte Leistungseinheiten x Leistungseinheiten im Abschreibungsjahr = Abschreibungsbetrag pro Leistungseinheit x Leistungseinheiten im Abschreibungsjahr

$$AB_m = (AW - SW) : L \times L_m = \text{ʟ} \times L_m$$

Restwert im Abschreibungsjahr = Anschaffungswert – (Abschreibungsbetrag pro Leistungseinheit x Leistungseinheiten der bisherigen Nutzungsperioden)

$$RW_m = AW - \text{ʟ} \times L_{1 \text{ bis } m}$$

2. Lineare Abschreibung

Abschreibungsbetrag = (Anschaffungswert – Schrottwert) : Nutzungsdauer

$$AB = (AW - SW) : n$$

Abschreibungsbetrag = Anschaffungswert x Abschreibungssatz in % : 100

$$AB = AW \times AS : 100$$

Restwert im Abschreibungsjahr = Anschaffungswert – (Anzahl der bisherigen Nutzungsperioden x Abschreibungsbetrag pro Periode)

$$RW_m = AW - m \times AB$$

Abschreibungssatz (wenn Schrottwert = 0) = 100 : Nutzungsdauer

$$AS \text{ (wenn } SW = 0) = 100 : n$$

Formelsammlung für die Berechnung von Abschreibungen

3. Degressive Abschreibung

Abschreibungsbetrag = Anschaffungswert bzw. Restwert x Abschreibungssatz in % : 100

$$AB = RW \times AS : 100$$

Restwert im Abschreibungsjahr = Anschaffungswert x ((100 – Abschreibungssatz in %) : 100) ^{Anschaffungsjahr}

$$RW_m = AW \times ((100 - AS) : 100)^m$$

Abschreibungsbetrag im Abschreibungsjahr =
Anschaffungswert x ((100 – Abschreibungssatz in %) : 100) $^{\text{Abschreibungsjahr-1}}$ x (Abschreibungssatz in % : 100)

$$AB_m = AW \times ((100 - AS) : 100)^{m-1} \times AS : 100$$

Notizen